ケールのレシピ

強く、やさしく、美しい。魅せられるケールと料理

料理・レシピ　池尻彩子
編　KALEZINE編集部

ソウ・スウィート・パブリッシング

はじめに

ケールはインパクトのある野菜です。加熱をしても嵩はさほど減らず、ほろ苦さや甘み、旨みなどの味わいや食感も残ります。いつもの料理の材料をケールに置き換えるだけでその美味しさの虜になり、貪欲にもなるでしょう。また、2000年以上前の太古から存在し、種(しゅ)としてもタフな野菜だといえます。

ほかの食材と組み合わせると、それらの個性を打ち消すのではなく、むしろふわっと受け止めてくれます。呼応し合っているとさえ感じることも。そして、多くの方は既知のとおり、様々な栄養を持っていて、食すると身体をやさしく労わってくれます。

色や形、味わいの異なる品種がたくさんあり、どれも見るものを惹きつける美しい様相をしています。一度、複数の品種を手に入れて、眺めたり、触ったり、嗅いだりしてみてください。きっと、何か感じることがふっと出てくると思います。

日本では、こういったケールの真の姿はまだ広く知られていません。そこで、この本では、理屈や知識だけではなく、クリエイターたちの手によって、人間が持つ本能や感覚を震わせるような表現方法と料理(食べ方)で実現させようと考えました。

料理は、5品種のケールを使って50以上のレシピを開発しました。巻末には、ケールの歴史や栄養についてのコラムや、美味しいケールを栽培するお取り寄せ可能な全国の農家さんも掲載しています。

本書が、新しいケールの楽しみ方や味わい方を知るきっかけになればうれしいです。

ケールの種類

ソフトケール
葉が薄くてやわらかく、マイルドで苦みが少ない。生食でも加熱調理にしても。茎もやわらかいので刻んで調理したり、ストックしておいて漬けものにするなど、捨てずに活用しよう。ケールは主に、葉を1枚ずつ根の近くから切り取って収穫するものが多いが、ソフトケールは束ごとに根っこから引き抜いて収穫する。

ロシアンケール

細い切り込みのある葉っぱと、美しい葉脈が特徴的。葉はやわらかく、苦みも少ない。出会えたら手に取ってじっくり愛でて、やさしく触れて。まずは生のまま食べてみて。
葉の大きいものは、サイズ感を生かして、包んだり、敷いたりと料理の幅が広がる。火を入れる場合はさっと！　茎は一見すると太いが、かたくはなく（むしろ新鮮で旬のものはやわらかい）、刻んだりスライスすれば扱いやすくなる。写真は、葉脈や茎が紫色の「レッド」タイプ。ホワイトタイプもある。

ケールの種類

コラード系ケール

コラードケール、グリーンケール、ジューシーケールなどと呼ばれることもある。葉は人の顔以上の大きさにもなり、茎は太く、力強い品種。水分量が多いので、青汁やジュースの原料になることも。強さを感じる品種だが、葉はやわらかい。生でも火を入れても◎。茎を切り離して、葉とは別に調理するか、茎の真ん中で切り分けてもよい。特大サイズの葉に面くらうかもしれないが、一度料理して食してみると、ジュースだけにしておくのはもったいないと知る。

ケールの種類

カーボロネロ

イタリア原産。ラシナトケール、トスカーナケール、ディノケール、黒キャベツと呼ばれることも。裏表のでこぼこが深く、葉に厚みがある。苦みはほとんどなく、甘みや旨みが強い。煮込みや鍋料理にすると、よい出汁がどんどん出てくる。
幅広タイプの「カーボロリーフグリーン」という品種は、葉が丸まらないので、扱いやすく、調理しやすい。

ケールの種類

カーリー系ケール

キッチンケール、カーリーケール、カリーノケールなどとも呼ばれる。葉がパセリのように縮れている。新鮮で旬のものは、やわらかく苦みも少ないので、ちぎって生のままでも。炒めたり茹でたりするときは、さっと！ ほかの青菜のように火を入れても嵩(かさ)があまり減らないので、食べ応えや満足度が高い。

※日本で一般的に入手しやすいものを紹介しました。
ケールにはまだまだたくさんの品種があり、それぞれ色や形、味わいも異なります。
見つけたら迷わずに、新しいケールの扉を開いてみてください。

contents

- 3 はじめに
- 4 ケールの種類

生のまま使う

- 16 ケールの生春巻き
- 18 ケールと果物のブッラータサラダ
- 20 ケールのパワーサラダ
- 22 ケールとアボカドのグリーンボウル
- 24 ケールとツナのサンドイッチ
- 26 塩豚のケールサムギョプサル
- 28 ケールのドレッシング・ソース
  ケールのサルサ、ケールのジェノベーゼソース、
  ケールとねぎの生姜だれ、ケールのシトラスドレッシング

作りおきと応用料理

- 32 ケールの塩糀オイル炒め
  卵炒め、パスタ、ワンプレートディッシュ
- 34 ケールのナムル
  ビビンバ、スープ
- 36 発酵ケール
  コールスロー、ポテトサラダ、タコス
- 38 ケールのお漬けもの
  醤油漬け、柚子漬け、昆布締め
  昆布締めのめはり寿司
- 40 ケールのふりかけ

茹でる／蒸す

- 44 ケールの黒ごまマヨネーズ和え
- 46 ケールの白和え
- 48 ケールのごま和え
- 50 ケールと海老のロール
- 52 ケールの茶碗蒸し
- 54 ケールと鮭の重ね蒸し
- 56 ケールの水餃子

炒める／焼く／揚げる

- 60 ケールの焼き餃子
- 62 ケールのソテー withナッツソース
- 64 ケールのキョフテ（ミートボール）
- 66 ケールのお好み焼き
- 68 ケールのがんもどき（飛竜頭・ひろうす）
- 70 ケールのフォカッチャ
- 72 ケールのキッシュ
- 74 ケールのオーブンチップス

煮る

- 78 ケールのフェジョン
- 80 ケールのオイルサーディン
- 82 ケールの牛煮込み
- 84 ケールの火鍋　豆乳スープ／麻辣スープ
- 86 ケールのバターチキンカレー
- 88 ケールの味噌汁
- 90 ケールのチャウダー
- 92 ケールとレモンクリームのパスタ

スイーツ＆ドリンク

- 96 トーストとケールクリーム
- 98 ケールのバナナマフィン
- 100 ケールのチーズケーキ
- 102 ケールのロールケーキ
- 104 ケールのパンケーキ
- 106 ケールのクッキー　ヴィエノワ／サブレ
- 108 ケールのジュレ
- 110 ケールのソルベ／ケールのアイスクリーム

ケールドリンク

- 112 ケールのモクテル（ノンアルコール）
  ケールと甘糀とマンゴーのスムージー、ケールのメロンソーダ、
  ケールのジンジャーレモン
- 114 ケールのカクテル
  ケールの白ワインカクテル、ケールのモヒート

- 116 基本の手作り調味料
  昆布水、濃い出汁、塩糀、甘糀、酵素シロップ、
  ケールシロップ、ケールオイル、マヨネーズ

- 119 ケールの歴史のはなし
- 120 ケールの栄養のはなし
- 122 KALE Column
- 123 索引　～料理のカテゴリー別
- 124 ケールを栽培・販売している農家さん

各レシピには、P.4～11で紹介したケールのうち、特におすすめの
ものを この料理に合うケール として記載していますが、記載以外の
ケールもいろいろと試して、組み合わせを楽しんでみてください。

本書で使用している計量スプーンの分量は、以下を目安にしてください

調味料	大さじ1	小さじ1	そのほか
海塩	15g	5g	ひとつまみ1g
塩糀	20g	6g	
てんさい糖	12g	4g	
料理酒	15g	5g	
みりん	18g	6g	1カップ220g
醤油	20g	7g	
酢	15g	5g	1カップ200g
味噌	20g	7g	
太白ごま油	13g	4g	1カップ170g
オリーブオイル	13g	4g	1カップ170g
ごま	10g	3g	

※本書に記載している「ニンニク」は、「茹でこぼしニンニク」を指しています。
薄皮をむいたニンニクを水から茹で、沸騰したら湯を捨てる、という工程を3回繰り返す。
冷めたら潰して、冷凍しておけば、使いたいときにすぐに使えます。

生のまま使う

生のケールの醍醐味はずばり、"苦み"。
「苦い!」ではなく、「苦みもごちそうだな」と感じます。
新鮮なケールが手に入ったらまずは生で味わってみてください。

生のまま使う

ケールの生春巻き

ケールをケールで巻く、ケール好きのための生春巻きです。まずは何もつけずに、そのままでどうぞ。ケールの香りや味わいに、思わず感嘆の息がもれます。何種類かのケールを使うと、食感の違いが楽しくなります。

この料理に合うケール：（巻く用）ソフトケール／ロシアンケール　（具材用）カーリー系／コラード系など

材料（4個分）
ソフトケールかロシアンケール　4枚
そのほか好みのケール　適量
パプリカ（赤や黄、緑など）　適量
ライスペーパー（生春巻きの皮）　4枚

そのほか、アボカド、きゅうり、茹でた海老、スモークサーモン、グリルドチキンなどお好みで

1　ソフトケール（またはロシアンケール）の茎は切っておく。
2　1以外の野菜を千切りにする。茎が太いもの、かたいものは外す。
3　ライスペーパーをさっと水で戻し、その上に1のソフトケール（またはロシアンケール）を敷く。
4　3のケールの中央より少し下あたりに、千切りにした野菜を横置きにし、ライスペーパーを手前から持ち上げ、野菜を覆うように巻く。
5　両端を内側に折りたたみ、最後まで巻いていく。好みで、「ケールのジェノベーゼソース（P.28）」や「ケールのシトラスドレッシング（P.29）」をつけて食べる。

ポイント
・ソフトケールかロシアンケール1枚をライスペーパーの上に置いてから、切った具材をのせると、巻きやすいです。
・千切りケールの中に、紫色など緑色以外のケールを選ぶと、切ったときの断面がキレイ！

生のまま使う

ケールと果物のブッラータサラダ

ケールとフレッシュフルーツとの組み合わせを楽しむ、華やかなサラダ。ケールの苦み、果物の甘み、チーズの塩みといった味覚のバランスが美味。おもてなしやパーティでも喜ばれます。

この料理に合うケール：ソフトケール／カーリー系／ロシアンケール

材料（3～4人分）
カーリー系ケール　20g
ソフトケール　30g
無花果（桃、マスカットなど）　1個
トマト　2個
生ハム　2枚
ブッラータ　1個

1　ケールは食べやすい大きさにちぎる。無花果、トマトはくし切りにする。
2　器に彩りよくすべての材料を盛りつけて、食べる直前に「ケールのジェノベーゼソース（P.28）」をかける。お好みで黒胡椒を振ってもよい。

ポイント

器とカットした材料はよく冷やしておき、食べる直前に盛りつけましょう。よく冷えていたほうが美味しいサラダです。

生のまま使う

ケールのパワーサラダ

肉に負けないケールの存在感。むしろ、ケールがないと成立しないパワーサラダです。ケールは、肉とそのほかの野菜を塩梅よくつないでもくれる、頼りがいのある食材なのです。

この料理に合うケール：ロシアンケール／ソフトケール／カーリー系など

材料（3〜4人分）
ステーキ用の牛肉　150g
※ローストビーフ、グリルチキンでも
じゃがいも　1個
トマト　1個
パプリカ　1/4個
ケール　100〜150g
ブロッコリー　1/4個
海塩・胡椒

そのほか、アボカド、きゅうり、にんじんなどお好みの野菜を追加しても

1　牛肉に海塩・胡椒を適量すり込み、1時間ほど室温で馴染ませる。
2　皮をむいたじゃがいも、トマト、パプリカをそれぞれ1cm角に切る。
3　ケールの葉は千切りにし、茎は刻む。
4　ブロッコリーはひと口サイズに切り分けて塩茹でする。
5　フライパンに多めのオリーブオイル（分量外）を熱し、じゃがいもをカリッと炒める。パプリカとケールの茎も軽く炒める。
6　野菜を取り出したあとのフライパンにオリーブオイル（分量外）を足して、1を好みの焼き加減まで焼く。
7　ボウルにすべての野菜を入れ、オリーブオイル適量と海塩・胡椒で味をととのえる。
8　皿にサラダを盛り、ステーキをカットしてのせる。

ポイント

2、3種類のケールを合わせると、味も見た目もさらにパワーアップします。

生のまま使う

ケールとアボカドのグリーンボウル

野菜だけでもパワーの出るサラダです。ちょっと疲れたときや、身体がなんだか重たい、むくんでいると感じたときに食べると、不思議と元気が出てきます。

この料理に合うケール：コラード系／カーリー系

材料（3〜4人分）
コラード系ケール　30g
カーリー系ケール　50g
きゅうり　1/2本
セロリ　1/3本
アボカド　1個

1　ケールは食べやすい大きさに、きゅうりはさいの目にカット。セロリは薄くスライスする。

2　アボカドはさいの目にカットしたあと、オリーブオイルとレモン果汁それぞれ適量（分量外）でマリネする。

3　アボカド以外のすべての野菜をボウルに入れて、オリーブオイル適量と海塩少々（分量外）を回しかけ、しっかりと手で揉み込んだあと、器に盛りつける。お好みのドレッシング（「ケールのシトラスドレッシング（P.29）」や中華系、和風など）でどうぞ。

ポイント

オリーブオイルと海塩を手でしっかり揉み込む！　野菜に味が入って、それだけでも十分な味つけとなりますし、ドレッシングが少量ですみます。

生のまま使う

ケールとツナのサンドイッチ

ケールとツナの相性がこんなにもよいとは……。お代わり必至なので多めに作ってほしい。
具材は、サンドイッチのほかに、サラダのトッピングにしたり、つけ合わせにしても。

この料理に合うケール：ソフトケール／ロシアンケール／コラード系／カーリー系／カーボロネロ

材料（1～2人分）
- コールスロードレッシング
  マヨネーズ（P.117） 50g
  ※市販品を使うときは30gくらいから味を見て調整
  粒マスタード 12g
  サワークリーム 7g
  ※または水切りヨーグルト6g＋レモン果汁1g
  ケールシロップ（P.117） 4g
  醤油 1g
  黒胡椒 ひとつまみ
  柚子胡椒 1g～（好みで）

- サンドイッチ
  ケール 100g～150gくらい
  ツナ缶 1缶
  バター 適量
  サンドイッチ用のパン 4枚

1 「コールスロードレッシング」の材料すべてをボウルに入れ、よく混ぜる。
2 ケールを千切りにして、海塩（分量外）を軽く振ってよく混ぜ、10分ほど置く。
3 ケールの水分をよく絞り、1のボウルに加える。水分を軽く切ったツナを加えて、よく混ぜ合わせる。
4 バターを塗ったサンドイッチ用のパンに、3を挟み、食べやすい大きさに切る。

ポイント

具材はあまり欲張らず、薄く挟むほうがパンとのバランスもよいです。

生のまま使う

塩豚のケールサムギョプサル

えごまの葉やサンチュなどに巻いて食べることが多いサムギョプサルですが、ケールで包んでみると、「これからはケール一択！」と思えるほど相性がよいです。お肉やピクルスに負けない存在感を放ちつつ、決してほかの食材を邪魔しないケールの包容力を楽しんでください。

この料理に合うケール：ロシアンケール／ソフトケール

材料（4～5人分）
- 塩豚
  豚バラブロック　300g
  海塩　5g
  五香粉　適量
  白胡椒　適量
  酵素シロップ（P.117）　15g
  ※ケールシロップや梅シロップで代用可。柑橘系のジャムでもOK（甘さに応じて分量は減らす）

- 大根のピクルス
  大根　150g（約1/5本）
  酢　80g
  てんさい糖　50g
  柚子果汁（レモン果汁）　20g
  料理酒　20g
  海塩　5g
  とうがらし　適量

- サムジャン
  味噌　30g
  コチュジャン　30g
  酵素シロップ（P.117）　20g
  ※ケールシロップや梅シロップで代用可。柑橘系のジャムでもOK（甘さに応じて分量は減らす）
  ごま油　15g
  酢　5g
  ニンニク（P.13）ペースト　5g

- ケール　100gくらい
- 大根のピクルス　50g
- サムジャン　適量
- スダチ　適量

塩豚を作る
1　豚バラブロックをほかの材料でマリネして、一晩寝かせる。
2　180℃に予熱したオーブンで40分焼く。
3　焼成後、アルミホイルでくるみ、粗熱が取れるまで余熱でじっくり火を通す。

大根のピクルスを作る
1　洗って皮を剥いた大根を拍子木切りにし、3％の塩水（分量外）に一晩漬けておく。
2　ピクルス液の材料を煮立たせ、1の水を切った大根を漬ける。翌日くらいから食べられる。

サムジャンを作る
すべての材料を混ぜ合わせて、できあがり。

仕上げる
ケールは洗って、食べやすい大きさにカット。塩豚、スダチはスライスする。ケールに塩豚、大根のピクルス、サムジャン、スダチなどを巻いて食べる（スダチの皮が苦手な場合は、果汁を絞るだけでもOK）。

ポイント
・塩豚は食べる直前に表面をカリッと焼くと、一層美味しくいただけます。
・（写真上から順に）ケールオイル（P.117）、サムジャン、ごま油＋海塩・胡椒、「ケールとねぎの生姜だれ（P.28）」など、お好みのもので召し上がってください。

ドレッシング・ソース

ケールのサルサ

「このサルサ自体がもはやサラダ!」と思えるほど具だくさん。お肉のソテーにかけたり、タコスに添えたり、魚介ときゅうりのマリネ(セビーチェ)に合わせたり……。もちろん、シンプルにサラダのドレッシングとしても。

材料（作りやすい分量）
トマト　100g（約小1個）
玉ねぎ　60g（約1/4個）
ケール　30g
ニンニク（P.13）　5g（1片）
ハラペーニョ（もしくはタバスコなど）　適量
レモン果汁　50g
海塩・胡椒　適量

1　トマトと玉ねぎは5mm角に、ケールとニンニク、ハラペーニョはみじん切りに。
2　すべての材料をボウルに入れて混ぜ合わせ、30分ほど冷蔵庫に入れて味を馴染ませてから食べる。

保存　冷蔵庫で3日ほど

ケールのジェノベーゼソース

バジルではなく、ケールのジェノベーゼ。パスタにはもちろん、パンに塗ってトーストしたり、白身魚に塗って香草焼きにしたり、ベシャメルソースと合わせたりと、アレンジも自在。冷蔵庫に入れるとかたまりますが、少し熱が入るとすぐにやわらかくなります。

あると便利な道具：フードプロセッサーまたはハンドブレンダー

材料（作りやすい分量）
オリーブオイル　100g
カシューナッツ　50g
ニンニク（P.13）　4g（1片）
ケール　40g
パルメザンチーズ　25g
海塩　2.5g

1　オリーブオイルの半量、カシューナッツ、ニンニクをフードプロセッサー（またはハンドブレンダー）でピューレ状にする。
2　適当な大きさに切ったケールと残りのオリーブオイル、チーズを加えて、滑らかになるまで、かく拌する。
3　海塩で味をととのえる。

保存　密閉瓶に入れて冷蔵庫で1カ月ほど

ケールとねぎの生姜だれ

中華や和食にとてもよく合うたれです。蒸し魚や湯豆腐にも！

材料（作りやすい分量）
ケール　40g
長ねぎ　80g（約1本）
生姜　10g
みりん　50g
酢（あれば黒酢）　40g
醤油　30g
ごま油　15g
海塩　5g
ラー油　適量（好みで）

1　ケールと長ねぎは粗みじん、生姜は細かいみじん切りにする。
2　ケール以外の材料を鍋に入れ、よく混ぜてから中火にかける。煮立ったら1〜2分煮て、ケールを入れてすぐ火を止める。
3　粗熱が取れたら、清潔な容器に入れて、冷蔵庫へ。

保存　冷蔵庫で1週間ほど

| ケールのサルサ | ケールのジェノベーゼソース | ケールとねぎの生姜だれ | ケールのシトラスドレッシング |

ドレッシングに合うケール：ソフトケール／カーリー系／ロシアンケール／カーボロネロ／コラード系

ケールを加えることで、ドレッシングやソースもおかずになります。シンプルに蒸したり、グリルした野菜や肉、魚などにかけるだけで、ごちそうです。

ケールのシトラスドレッシング

どんな野菜にもかけたくなるほどの爽やかさ。マーマレードジャムがカギなので、手作りしたり、ちょっとこだわったものを手に入れたりしてみてください。

あると便利な道具：フードプロセッサーまたはハンドブレンダー

材料（作りやすい分量）
オリーブオイル　75g
※太白ごま油やグレープシードルオイルなどでも
マーマレードジャム　45g
※または酵素シロップ（P.117）のガラ。市販のジャムは、瓶を透かしてみて透明度が高くなく、皮や果肉が多いものを選ぼう。
ケール　15g
玉ねぎ　13g
米酢　48g
海塩　8g
ケールシロップ（P.117）　3g〜
※マーマレードの甘さ次第で調整する
白胡椒　ひとつまみ

1　オリーブオイル、マーマレードジャム、ケール、玉ねぎをフードプロセッサー（またはハンドブレンダー）でピューレ状にする。
2　残りのすべての材料を加えて、よく混ぜる。

保存

冷蔵庫で1カ月ほど
冷蔵庫に入れるとかたまるので、口の広い瓶などに入れるとよい。
しばらく室温に置いておくと戻る。よくかき混ぜてから使う。

作りおきと応用料理

簡単＆便利なケールの常備菜です。
そのまま食べても、つけ合わせにしても、ほかの食材を足して
応用しても……と、自在な料理をそろえました。
"我が家の定番"の仲間入りにしてほしいから、ささっと手軽にできるレシピです。
それぞれのご家庭や暮らし方に合わせて、分量を増やしてみてください。
各常備菜を使った応用料理の一例も参考にしつつ、
アレンジを楽しんでもらえるとうれしいです。

ケールの塩糀オイル炒め

ケールの強さ、たくましさを味わえる一品。切り方で食感が変わるので、ひと口大のほか、小さく切ったり細切りにしたり、何パターンか作っておくと、料理のアレンジもしやすいです。

この料理に合うケール：カーボロネロ／カーリー系／コラード系

材料
- 塩糀オイル
  オリーブオイル　340g（2カップ）
  塩糀（P.116）　150g
  ニンニク（P.13）　20g
  ※潰しておく

1 **塩糀オイルを作る**　すべての材料を鍋に入れ、弱火でニンニクの香りが立つまで加熱。焦げやすいので小まめに混ぜる。塩糀と油分が分離するので、使うときはよく混ぜて。
※常温保存3週間ほど。冷蔵庫保存3カ月ほど。必ず清潔で乾燥したスプーンなどを使うこと

2 フライパンに塩糀オイル50g（約大さじ3）を入れて軽く温め、ひと口大に切ったケール150gくらいを加えて、さっと炒める。
※本書の塩糀（P.116）以外のものを使った場合、塩糀オイルは25g（大さじ1.5）くらいから調整してください

保存
冷蔵庫で3日間ほど

ポイント
・炒めすぎには要注意。ケールの色が変わったら、もう完成です。
・塩糀オイルは、酢などと合わせたドレッシングや、サラダやカルパッチョの仕上げなどに便利。

variation 1
卵炒め
1 フライパンに塩糀オイルを加えて中火にかけ、オイルが温まったら豚肉スライスを炒める。
2 「ケールの塩糀オイル炒め」を加えて混ぜる。
3 よく溶いた卵を加え、ふちがかたまってきたら、ざっと軽く混ぜる（混ぜすぎ注意！）。
4 卵に8割ほど火が通ったら、火を止める。

variation 2
パスタ
1 パスタを茹でる。
2 フライパンで好みの具材（海老、チキン、きのこなど）を炒め、火が通ったら「ケールの塩糀オイル炒め」を好みの分量加えて、混ぜる。
3 湯切りしたパスタを加えて和える。海塩・胡椒で味をととのえる。

variation 3
ワンプレートディッシュ
1 鶏もも肉の両面に海塩・胡椒を振る。
2 フライパンに油をひいて、鶏の皮を下にして中火で焼く。皮目全体が濃いきつね色になるまでひっくり返さない。
3 パリッとこんがりしたら返し、火が通るまで焼く。
4 「ケールの塩糀オイル炒め」とともに、皿に盛る。好みの野菜を添えても。

卵炒め

パスタ

ワンプレートディッシュ

作りおきと応用料理

ケールのナムル

いわゆる、"無限ケール"。いくらでも食べられます。多めに作っておくと、いろいろアレンジもできて、とても便利。まさに常備菜です。

> この料理に合うケール：カーリー系／ロシアンケール／ソフトケール／カーボロネロ／コラード系

材料
ケール　150g
● 和え衣
金ごま　15g
※なければ白ごまや黒ごまでも
ごま油　30g
酵素シロップ（P.117）10g
※ケールシロップなどでもOK
柚子果汁（レモン果汁）5g
醤油　5g
海塩　2.5g

1 ケールをさっと茹で、食べやすい大きさに切る。ソフトケールやロシアンケールは生のままでもよい。
2 和え衣を作る。金ごまは軽く炒って、すり鉢で半摺りにし、残りの材料を合わせる。
3 ケールを加えて手で和える。

保存
冷蔵庫で5日ほど

ポイント
・ケールを茹でるときは、湯にくぐらせる程度でOK。
・箸などで混ぜるよりも、ケールに和え衣を馴染ませるようにしっかりと揉み込みます。

variation 1
ケールのナムルのビビンバ

1 豚バラ肉100gを5cm幅にカットして塩糀（P.116）20gを揉み込み、10分マリネしておく。
2 フライパンにごま油（分量外）を引き、中火でカリッとするまで1を焼く。
3 炊き立てごはんに、2とキムチと温泉卵を盛り、ケールのナムルをのせて、韓国海苔と金ごまをトッピング。

variation 2
ケールのナムルのスープ

amasoraのスープストックに、ケールのナムルとわかめ（乾燥でも、生でも）を好みの量を入れて、最後に白髪ねぎと金ごまをトッピングしたら完成。

スープストックの作り方
鶏むね肉　2枚（約500g）※ささみでもOK
海塩（鶏肉に対して2%）　約10g
長ねぎ　1本
生姜　1個（約50g）
水　1ℓ

1 鶏肉から出るドリップをペーパータオルでよく拭き取り、料理酒（分量外）でさっと洗っておく（嫌な臭みが取れる）。
2 海塩を揉み込み、30分ほどマリネする。
3 2の鶏肉をペーパータオルで軽く拭いて鍋に入れ、長ねぎ、生姜のスライス、水も加える。
4 中火にかけ、沸騰したら火を消す。
5 そのままの状態で冷ます。冷めたら濾しながら容器に移し、冷蔵庫に保存する。

作りおきと応用料理

発酵ケール

発酵させることで、ケールの旨みや強さが増します。
日が経つにつれて変化する、その味わいも楽しめます。

> この料理に合うケール：コラード系／ソフトケール／ロシアンケール／カーボロネロ

材料

ケール　作りたいだけ
海塩　ケールの2％
柚子果汁かレモン果汁　ケールの2％
※米酢でもよいが、柑橘の果汁を使うと風味が増す
てんさい糖　ひとつまみ
黒胡椒（粒）少々（好みで）
ベイリーフ　1枚（好みで）
とうがらし　少々（好みで）

1 ケールを千切りにし、厚めのポリ袋などに入れ、すべての調味料を加えてしっかりと揉み込む。
2 ケールから水分がしっかり出たら、袋の空気を抜いて密閉し、室温に置く。
3 1〜3日くらいで泡が少し出てきたら完成。冷蔵庫で保存する。

保存

冷蔵庫で1週間ほど
保存状態がよければ1カ月経っても美味しく食べられる

ポイント

ケールに調味料をしっかり揉み込むことで、発酵を促します。

コールスロー　　　　　　ポテトサラダ　　　　　　タコス

variation 1
コールスロー

1 発酵ケール100gの水分をしっかりと絞り、「コールスロードレッシング（P.24）」60gと和える。

このまま食べるほか、生春巻きやサンドイッチの具材にしても。サラダと合わせたり、レタスに包むだけでも一品になります。

variation 2
ポテトサラダ

1 じゃがいも300g（約2個分）を洗い、塩茹でする。
2 茹で上がったらザルにあげ、熱いうちに皮をむいて粗く潰す。粗熱を取る。
3 マヨネーズ（P.117）50gと水気を軽く絞った発酵ケール25gを加えて、混ぜ合わせる。
市販のマヨネーズを使うときは30gくらいから味を見る。

材料も作り方もシンプル!! このポテサラのために発酵ケールを仕込もうと思うほど、飽きのこない殿堂入り副菜。

variation 3
タコス

1 ソフトケール（ロシアンケール）は千切り、ブラウンマッシュルームは薄切り、キウイフルーツは薄くスライス。
2 トルティーヤにリコッタチーズ、水気を切った発酵ケール、1の具材をのせ、「ケールのサルサ（P.28）」を添える。
3 仕上げにケールオイル（P.117）かオリーブオイル（分量外）をたっぷりと回しかける。

発酵ケールの塩みとトルティーヤの風味が意外なほど合います。ブルーコーンのトルティーヤを使いましたが、イエローのものでもOK。

ケールのお漬けもの

茎、捨てないで！ 箸休めやおつまみにもなる常備菜2種は、茎が残るたびにパパッと仕込める手軽さ。昆布締めは、ハレとケ、ともに使えるお助け常備菜です。

醤油漬け

ケールの茎　80g
醤油、酢、みりん　各10g

1. ケールの茎をさっと塩茹でする。好みの長さに切り、水気を取る。
2. 密閉袋に調味料を混ぜ合わせ、1を入れる。しっかり空気を抜いて、密閉する。一晩以降から食べられる。

柚子漬け

ケールの茎　60g　塩昆布　10g
柚子の皮　適量

1. ケールの茎をさっと塩茹でする。好みの長さに切り、水気を取る。
2. 塩昆布と柚子の皮と混ぜ合わせ、一晩以降から食べられる。

保存
冷蔵庫で10日ほど。
味の変化をお楽しみください

ポイント
コラード系などの太い茎でも、さっと茹でるだけでOK！
かたくなってしまうので茹ですぎない！

昆布締め

カーボロネロ、
またはコラード系　適量
昆布（平らなもの）適量

1. ケールはさっと茹で、水気を取って、昆布の上に並べる。
2. 好みの枚数を重ねて、ラップでぴっちりと包んでから密閉袋などに入れ、冷蔵庫へ。一晩以降から食べられる。食べるときは好みの大きさ、細さに切る。

保存
冷蔵庫で5日ほど

ポイント
長く漬けるほど、"漬けもの感"が増します。

variation
昆布締めのめはり寿司　8個分

昆布締め　適量
白米　150g（1合）
古代米（黒米など）　10g
※なくてもよい
松の実　適量（好みで）
※ごまや椎茸の含め煮、酢れんこん、生姜の酢漬けなどでも

●寿司酢（作りやすい分量）
米酢　100g
てんさい糖　60g
柚の酢（柚子果汁、スダチ果汁、レモン果汁）50g
※柑橘果汁を加えるとまろやかになる
海塩　10g

1. 寿司酢の材料を鍋に入れて混ぜながら加熱し、てんさい糖が溶けたら火からおろす。
2. 米を炊く。古代米を入れないならかために。
3. 炊けたら寿司酢45gを振りかけ、しゃもじで切るように混ぜる。好みで具材を混ぜ合わせる。
4. 酢飯を50g程度に分けて、やさしく丸める。
5. 昆布締めで包む。

ポイント
・長く漬けた昆布締めを使うと、お寿司感が増します。
・コラード系の昆布締めを使う場合、細切りにしてから包むと食べやすい。

醤油漬け

柚子漬け

昆布締め

作りおきと応用料理

ケールのふりかけ

余りがちな茎と出汁がらを活用した常備菜です。香ばしく焼きつけたケールの茎が、香りと食感をもたらします。行き場に困っていた茎も出汁がらも、"わざわざ余らせておきたい"食材になるでしょう。

材料
ケールの茎　180g
出汁を取ったあとの鰹節　45〜90g
ごま油　25g（約大さじ2）
海塩　1.5g（ひとつまみ程度）
みりん　54g（大さじ3）
醤油　20g（大さじ1）
ごま（白でも黒でも）　20g（大さじ2）

1. ケールの茎と鰹節を細かく刻む。
2. フライパンにごま油と海塩を入れ、ケールの茎を香ばしくなるまで炒める。
3. 鰹節を加えて、水気を飛ばすように炒める。
4. みりんと醤油を加え、水気がなくなるまで炒める。
5. 火を止めてごまを加えて混ぜ合わせる。

保存
冷蔵庫で1週間ほど、
冷凍庫で1カ月ほど

ポイント
・ケールの茎はしっかり炒めること！　香ばしさも旨み調味料になります。
・ケールの茎や出汁を取ったあとの鰹節は、冷凍して溜めておいたものを使っても。

茹でる／蒸す

ケールを茹でるときは、"さっと"が基本！
茹でるというより、お湯にくぐらせる程度でOKです。
種類によって異なる味わいや香りをとてもよく感じることができると思います。
合言葉は、「ケールはさっと茹で！」です。

茹でる／蒸す

ケールの黒ごまマヨネーズ和え

存在感のある食材や調味料にも負けない、力強い味わいと食感を持つケール。黒ごま、マヨネーズ、そしてごぼうというクセの強い食材たちと合わせることで、ケールの野性味が一層引き立ちます。

この料理に合うケール：カーボロネロ／カーリー系／ロシアンケール

材料（3〜4人分）
- 黒ごまドレッシング（全量使う）
  黒ごま　8g
  マヨネーズ（P.117）　70g
  ※市販品を使う場合は40〜50gくらいから味を見て
  甘酒（甘糀）濃縮タイプ（P.116）　20g
  白練りごま　12g
  醤油　5g
  塩糀（P.116）　2g
  花椒（粉）　ひとつまみ
  ※冷蔵庫で1カ月ほどもつので、たくさん作りおきしておくと便利
- ケール　75g
- ごぼう　100g

1　すり鉢で黒ごまを半ずりにし、「黒ごまドレッシング」のほかの材料と合わせてよく混ぜる。
2　ケールをさっと塩茹でし、洗ったごぼうもスライス（または千切り）にして塩茹でする。
3　ケールの水気を軽く絞り、食べやすい長さに切る。
4　ケールとごぼうを1に入れて、ドレッシングと和える。

ポイント

和えたあとラップをして20〜30分ほど冷蔵庫に置くと、味がより馴染みます。

茹でる／蒸す

ケールの白和え

クリーミーな白和え衣が絡み合うと、ケールの食感がより映えます。また、きくらげやたけのこといった食感のあるものをプラスしたことで、噛むほどに食欲が増す一品になりました。

この料理に合うケール：カーリー系／カーボロネロ／コラード系

あると便利な道具
フードプロセッサーまたはハンドブレンダー

材料(3〜4人分)
- 白和え衣（全量使う）
  木綿豆腐　半丁(150〜175g)
  みりん　15g
  白練りごま　13g
  白味噌　10g
  てんさい糖　8g
  醤油(薄口醤油がおすすめ)　5g
  海塩　1g
- ケール　約50g
- 生きくらげ　約50g
  ※乾燥きくらげは約5gを水に戻して使う
- たけのこの水煮　約50g
- 醤油　5g

1 木綿豆腐をさらしやペーパータオルに包んで重しをして2、3時間ほど水切りをする（夏場は冷蔵庫で）。
2 フードプロセッサーかハンドブレンダーで、水切り豆腐と白和え衣の材料を滑らかにする。
3 さっと塩茹でしたケール、きくらげ、たけのこの水煮を細切りにする。
4 3の野菜に醤油をまぶして下味をつける。
5 4の水分を切って、白和え衣と和える。

ポイント

きくらげやたけのこ以外には、にんじんやきのこ類、こんにゃく、枝豆などの食材が合います。

茹でる／蒸す

ケールのごま和え

「青菜のごま和えなんて……」と思う人もいるかもしれない。ごま和えは日本人には定番の副菜ですが、この和え衣とケールで、ぜひ作ってみてください。使うケールの種類によって、ごま和えの表情が変わるのも楽しいですし、面白いくらいに、みんなが喜んで食べてくれます。

この料理に合うケール：ロシアンケール／カーリー系／カーボロネロ

材料（3〜4人分）
- ごま和え衣（全量使う）
  白ごま　50g
  オリーブオイルや太白ごま油　14g
  てんさい糖　13g
  塩糀（P.116）　10g
  白練りごま　10g
  （海塩　2g〜）
  ※冷蔵庫で1カ月ほどもつので、たくさん作りおきしておくと便利

- ケール　100〜130gぐらい

1. すり鉢で白ごまを半ずりにし、和え衣のほかの材料と合わせてよく混ぜる。
2. ケールをさっと塩茹でする。
3. ケールの水気を軽く絞り、食べやすい長さに切る。
4. 和え衣とケールを和える。手で揉み込むようにすると味がよく馴染む。

ポイント

使う塩糀の塩分濃度によって、味を見ながら海塩で調整してください。

ケールと海老のロール

おすすめはカーボロネロ、しかも大きくて、平べったいものを使うこと！ 作りやすく、食べやすいです。ケールと海老の旨みを楽しむ料理なので、調味料は最低限にしています。好みで「ケールとねぎの生姜だれ（P.28）」などをつけても違った楽しみ方ができます。

> この料理に合うケール：カーボロネロ／コラード系／ソフトケール／ロシアンケール

あると便利な道具
フードプロセッサーまたはハンドブレンダー

材料（3～4人分）
ケール　適量
海老　140g（正味）
※殻を外して背ワタを取り除き、洗って水気を切っておく
料理酒　15g
醤油　1.5g
れんこん　50g
片栗粉　適量

1　カーボロネロやコラード系ケールはさっと塩茹でする。大きい葉の場合は、横20cm、縦30cmくらいに切る。コラード系の太い芯はそぎ落とす。幅の狭いケールの場合は、茎を切り落とし、横20cmくらいになるように数枚重ねて並べる。縦の長さが足りないときも、さらに重ねる。

2　海老、料理酒、醤油をフードプロセッサーかハンドブレンダーでペースト状にする。

3　みじん切りしたれんこんを2の海老ペーストと混ぜ合わせる（機械にはかけない）。

4　ラップの上に、水気を切ったケールを置き（並べ方は1を参照）、片栗粉を薄く振る。

5　ケールの手前側に、海老ペーストを棒状にしながらのせる。

6　巻き寿司を作るように、ケールで巻き、きっちりとラップで包んで形をととのえる。

7　蒸し器で20分ほど加熱し、粗熱が取れたら好みの幅に切る。

> ポイント
> ・ソフトケールやロシアンケールの場合、茹でずに生のまま使います。
> ・小さい葉の場合、重ねず1枚ずつに海老ペーストを小分けにして包んでも。
> ・両端から海老ペーストが漏れ出たりはしないので、端まできっちり伸ばしましょう。巻くときはふわっとやさしくではなく、ぎゅっと軽く力を入れて巻いていくと、ケールと海老ペーストのあいだにすき間ができにくい。

茹でる／蒸す

ケールの茶碗蒸し

ケールと卵の相性はバツグン。クセの少ないケールを使うと、上品に仕上がります。温かい茶碗蒸しがごちそうなのはもちろん、冷やすと、これまた極上の一品に。夏場や食欲のないときも、するりと喉を通り、ケールが栄養補給の手助けをしてくれます。

この料理に合うケール：ソフトケール／ロシアンケール／カーリー系

材料（4個分）
- 卵液
  卵　3個
  濃い出汁（P.116）　270g
  塩糀（P.116）　9g
- 具材
  ケール（葉）　20〜30g
  焼き穴子　1/2本
  原木椎茸　2個
- 仕上げの餡
  濃い出汁（P.116）　150g
  ケール（葉）　適量（好みで）
  くず粉（粉末）　6g（約大さじ1）
  焼き穴子　1/2本（好みで）
  わさび　適量（好みで）

1 **卵液を作る。** ボウルに卵を割り入れてよく溶き、濃い出汁と塩糀を加えて混ぜ、3回濾す。
2 **具材の準備をする。** さっと塩茹でしたケールを食べやすくカットし、醤油とみりん各少々（分量外）に浸しておく。焼き穴子と椎茸は細く切る。
3 耐熱の器に、水気を切った2のケールとほかの具材を入れ、1の卵液を流し込み、20分ほど蒸す。

〜もうひと手間でさらに美味しく！
仕上げの餡を作る。

1 鍋に濃い出汁を入れ火にかけ、沸いたら好みで刻んだケールを入れてひと煮立ちさせ、同量の水で溶いたくず粉を少しずつ入れてとろみをつける。
2 好みで、茶碗蒸しの上に細く切った穴子をのせる。好みで、食べる直前にわさびを餡に溶き、仕上げに流し入れる。

ポイント
卵液を3回濾すことが、滑らか茶碗蒸しの鉄則。ケールは下味をつけておくと、味がぼやけません。

ケールと鮭の重ね蒸し

みずみずしいコラード系ケールと鮭をぎゅっと重ねて蒸すことで、旨みの相乗効果を発揮する料理です。カーボロネロを使うと、ほろ苦さも加わって、また違った味わいに。

> この料理に合うケール：コラード系／カーボロネロ

材料（3〜4人分）
ケール（葉）
できるだけ大きいもの　2〜4枚
※小さいものは倍量
生鮭　350〜400g
※サーモンや刺身用でも
料理酒　30g（大さじ2）
醤油（薄口醤油がおすすめ）20g（大さじ1）

1 ケールをさっと塩茹でし、5cm×15cm程度に切っておく（切れ端も使うので取っておく）。
2 鮭の骨と皮を取り、厚み1cm程度にスライスする。あとで敷き詰めるので、多少身が崩れたり、形がそろわなくてもOK。
3 バットなどに料理酒と醤油を合わせ、2をくぐらせる。
4 ラップの上にケールを敷き（1の切れ端も使いながら）、3の鮭を敷き詰める。これを3〜4段重ねる。
5 形が崩れないようにぴっちりとラップで包み、蒸し器で15分ほど加熱する。
6 食べるときは、好みのサイズに切り分ける。

> ポイント

熱々を食べるときは「ケールとねぎの生姜だれ（P.28）」で、冷やしたときは「ケールのジェノベーゼソース（P.28）」がよく合います。

ラップを使わず、ホーローバットなどに入れて蒸したいときは、蒸す前に、バットの高さに合わせて切り、縦に敷き詰めて蒸すとよい。

茹でる／蒸す

ケールの水餃子

皮にも具材にもケールがたっぷり！ 香りの強いケールを使うのがおすすめです。皮を作っているときからケールの香りに包まれて、この上ない幸福感が訪れます。子どもウケがよいうえに、大人はビールが進みます。

> この料理に合うケール：ロシアンケール／コラード系／カーボロネロ／カーリー系／ソフトケール

あると便利な道具
ジューサーまたはハンドブレンダー

材料（約30個分）

- 皮
  ケール　45g
  熱湯　90g
  強力粉　100g
  薄力粉　100g
  海塩　3g
  ケールオイル（P.117）　15g
  ※上澄みでも、混ぜても。
  　なければごま油でも

- 具材
  ケールのみじん切り　120g
  豚ひき肉　240g
  生姜のみじん切り　24g
  長ねぎのみじん切り　24g
  ごま油　16g
  紹興酒　12g
  片栗粉　5g
  醤油　4g
  海塩　4g

皮を作る

1. ジューサーなどを使って、ケールを熱湯でかく拌する。
2. ボウルに粉と塩、ケールオイル、1を加えて手でよくこねる。べたつくようであればゴムベラを使ってもOK。滑らかになったらラップに包み、冷蔵庫で1時間ほど寝かせる。
3. 生地を1個10〜15gくらいに分割して丸め、打ち粉を多めにつけながら、綿棒で円形に伸ばす。できた生地を重ねるときも、くっつきやすいので、打ち粉を多めに振っておく。

具材を作る

1. みじん切りにしたケールを軽く塩揉み（分量外）し、出た水分はしぼる。
2. ボウルにすべての材料を入れ、豚ひき肉に粘りが出るまで手でよくこねる。

仕上げる

1. 皮に具材を包む。水などをつけなくても、とじられる。
2. たっぷりと沸かした湯にそっと入れ、浮き上がってきたら2〜3分そのまま茹でる。

ポイント

「ケールとねぎの生姜だれ（P.28）」やポン酢が合います。

炒める／焼く／揚げる

ケールは油との相性がとてもよい！
シンプルにオリーブオイルでソテーしただけで、ぐっと旨みが持ち上がります。
餃子やお好み焼き、ミートボール(キョフテ)などお馴染みの
人気メニューにケールを取り入れるだけで、ごちそう感がさらに増します。

炒める／焼く／揚げる

ケールの焼き餃子

水餃子と同じ材料、作り方です。たくさん仕込んで、半分は茹でてもう半分は焼いても！包むときに若干慣れが必要ですが、焼いたときのカリッと感を大切にしたいなら、皮は水餃子よりも少し薄く伸ばしてみてください。

　この料理に合うケール：ロシアンケール／コラード系／カーボロネロ／カーリー系／ソフトケール

あると便利な道具
ジューサーまたはハンドブレンダー

材料（約30個分）
- 皮
  ケール　45g
  熱湯　90g
  強力粉　100g
  薄力粉　100g
  海塩　3g
  ケールオイル（P.117）　15g
  ※上澄みでも、混ぜても。
  　なければごま油でも

- 具材
  ケールのみじん切り　120g
  豚ひき肉　240g
  生姜のみじん切り　24g
  長ねぎのみじん切り　24g
  ごま油　16g
  紹興酒　12g
  片栗粉　5g
  醤油　4g
  海塩　4g

皮を作る
1. ジューサーなどを使って、ケールを熱湯でかく拌する。
2. ボウルに粉と塩、ケールオイル、1を加えて手でよくこねる。べたつくようであればゴムベラを使ってもOK。滑らかになったらラップに包み、冷蔵庫で1時間ほど寝かせる。
3. 生地を1個10〜15gくらいに分割して丸め、打ち粉を多めにつけながら、綿棒で円形に伸ばす。できた生地を重ねるときも、くっつきやすいので、打ち粉を多めに振っておく。

具材を作る
1. みじん切りにしたケールを軽く塩揉み（分量外）し、出た水分はしぼる。
2. ボウルにすべての材料を入れ、豚ひき肉に粘りが出るまで手でよくこねる。

仕上げる
1. 皮に具材を包む。水などをつけなくても、とじられる。
2. 熱したフライパンに油をひき（分量外）、包んだ餃子を並べて火にかけ、熱湯を餃子の底が浸かるくらいまで注ぎ入れて、蒸し焼きに。
3. 水分がなくなってきたら、ごま油を回しかけて、カリッと焼き色がつくまで焼く。

ポイント

「ケールとねぎの生姜だれ（P.28）」や酢と白胡椒、ポン酢などでどうぞ。

炒める／焼く／揚げる

ケールのソテー with ナッツソース

おすすめはカーボロネロ！ じっくり火を入れることでじゅわっと旨みが現れます。塩と胡椒だけで食べてももちろんOKですが、ケールとナッツの相性が抜群なので、ぜひこのソースを添えてみてください。

この料理に合うケール：カーボロネロ／カーリー系

あると便利な道具
フードプロセッサーまたはハンドブレンダー

材料
● カシューナッツソース
　カシューナッツ　60g
　太白ごま油　40g
　昆布水（P.116）　32g
　白味噌　14g
　塩糀（P.116）　8g
　※塩分の強い塩糀の場合は、
　　少量から味を見て調整
　ニンニク（P.13）　1gくらい

保存
冷蔵庫で1カ月ほど

● ケールのソテー
　ケール　適量
　オリーブオイル　適量
　海塩・胡椒　少々

（トッピング用）
刻んだカシューナッツ　少々

1 「カシューナッツソース」の材料をすべてフードプロセッサー（またはハンドブレンダー）にかけ、ペースト状にする。回りにくければ、太白ごま油を少しずつ足す。

2 フライパンにオリーブオイルをひき、中火でケールをソテーする。（切らずにそのままソテーすると、水分が流出しにくく、美味しさも閉じ込められる。好みの大きさに切ってからソテーしてもよい）

3 好みで海塩・胡椒を振り、カシューナッツソースを添えて食べる。

ポイント
・中火でじっくり、あまり動かさずに両面ソテーしましょう。色が変わったらOK。
・カシューナッツソースは、和食にも合います。ケールの白和えに使ったり、おにぎりに塗ってトースターで焼きおにぎりにしても。トーストに塗って焼いても美味！

炒める／焼く／揚げる

ケールのキョフテ（ミートボール）

"キョフテ"とは、トルコなどで食べられている、いわゆるミートボール。ケールをたっぷり加えて旨みを相乗させました。野菜ぎらいな子どもも大好きな一品に。スパイスを入れるほうが本格的ですが、苦手な場合はなくてもよいです。

> この料理に合うケール：カーリー系／カーボロネロ／コラード系／ロシアンケール

材料（30個前後）

- ケールのヨーグルトソース
  ケールのジェノベーゼ（P.28）30g
  水切りヨーグルト　30g
  レモン果汁　5g

ケール　100g
玉ねぎ　200g（1個）
ニンニク（P.13）　1片
ラムひき肉　500g
※豚や牛のひき肉でも
卵　1個
牛乳　50g
パン粉　50g
オリーブオイル　15g
クミンパウダー　5g
海塩　5g
黒胡椒　3g

1. 「ケールのヨーグルトソース」の材料をすべてボウルに入れてよく混ぜ合わせておく。
2. ケール、玉ねぎ、ニンニクをみじん切りにする。
3. 2と残りの材料をすべてボウルに入れてよくこねる。ラップをして30分ほど冷蔵庫で休ませる。
4. オーブンを200℃に予熱する。3の肉だねを30gくらいずつ手に取り、お好みの形に丸める。
5. オーブンで15～20分ほど焼く。
6. ヨーグルトソースを添えて食べる。

ポイント

- 肉だねはしっかりこねましょう。空気を含ませて練るとふわっと仕上がります。
- ハンバーグのように大きめに成形してもOK。
- フライパンで焼くときは平らにしてください。

ケールのお好み焼き

そもそもケールはキャベツの原種。もはや、お好み焼きはケールを使うのが正解なのかも!?
ケールの品種によって、食感が変わって面白いので、いろいろ試してみてください。
目指せ、外カリッ&中ふわっ!

> この料理に合うケール：カーリー系／カーボロネロ／コラード系

材料（4～6枚分）
卵　3個
長芋　100g
出汁　100g
薄力粉　50g
天かす　50g
けずり粉（かつお粉）　20～30g
ケール　200g
薄切り豚肉、海老、
いかなどお好みの具材　適量

1. ボウルに卵を割り入れて溶きほぐす。すりおろした長芋と、ケール以外の材料を入れてよく混ぜる。
2. ケールを粗みじん切りにしておく。
3. 焼く直前に、小さめのボウルに1/4～1/6量の1の生地とケールを入れて混ぜる。
4. フライパンに油をひき（分量外）、3を流し入れ、好みの具材をのせる。蓋をして中火で焼く。
5. 焼き色がついたら、ひっくり返してこんがり焼く。

ポイント
・焼く枚数ごとに、焼く直前に手順1と2を混ぜることで、水分が出ることを極力防ぎます。
・まずはソースなどつけずにそのまま召し上がれ！

炒める／焼く／揚げる

ケールのがんもどき（飛竜頭・ひろうす）

あまりに簡単にできて、大人にも子どもにも好評なので、「"がんも"にケールはマスト」、「"がんも"は作るにかぎる」を実感します。たくさん仕込んで、まずは揚げたてを。翌日は餡かけでどうぞ。

> この料理に合うケール：カーリー系／カーボロネロ

あると便利な道具
フードプロセッサーまたはハンドブレンダー

材料
木綿豆腐　1丁（300〜350g）
卵　1個
生姜（すりおろす）　15g
醤油（薄口醤油がおすすめ）　5g
ケール　40g
枝豆　40g（好みで）
揚げ油　適量

1. 木綿豆腐をさらしやペーパータオルに包んで重しをのせ、冷蔵庫で水切りする。
2. 1の豆腐、卵、生姜、薄口醤油をフードプロセッサー（またはハンドブレンダー）で滑らかにする。
3. ボウルに、2と細かく刻んだケール、（好みで）茹で枝豆を加え、混ぜ合わせる。
4. 手やスプーンで団子状にし、160℃の油で6〜7分ほど、きつね色になるまでじっくり揚げる。

〜もうひと手間でさらに美味しく！

● 餡かけ
出汁　400g
料理酒　30g
みりん　30g
醤油　10g
海塩　2g
片栗粉　13g（約大さじ1＋小さじ1）

1. 鍋に、出汁と料理酒、みりんを入れて軽く沸かし、しっかりアルコールを飛ばす。
2. アルコールが飛んだら、火を止めてから、醤油と海塩を入れてかき混ぜる。
3. 同量の水で溶いた片栗粉を加えて軽く混ぜ、中火にかけて、とろみをつける。
4. 器にがんもどきを盛り、餡をかける。好みで刻んだケール（分量外）を添えても！

> ポイント
> ・コラード系ケールを使うと、生地がまとまりにくいことも。
> ・手軽に揚げたてをそのまま食べるもよし、餡かけでワンランクアップさせると、また別の料理のよう。

炒める／焼く／揚げる

ケールのフォカッチャ

ケールをパンに入れるとき、パウダーを使うと手軽ですが、ケールそのものを使うと風味豊かに。もうケールなしのフォカッチャには戻れない!? 焼成前とあとに塗るオイルはぜひ、ケールオイルを使ってみてください！

この料理に合うケール：ソフトケール／ロシアンケール／カーリー系／コラード系

あると便利な道具
フードプロセッサーまたはハンドブレンダー

材料
ケール　50g
オリーブオイル　30g
強力粉　190g
てんさい糖　3.5g
海塩　4.5g
ドライイースト　1g
（白神こだま酵母を使用）
水　105g
※国産オーガニック粉（タンパク質11.8%）を使用の場合。粉の種類や季節、温湿度によって水分量は要調整
オリーブの実（ブラック・グリーン）各15g
（好みで）

●仕上げ用
ケールオイル（P.117）　適量
海塩　適量
オリーブの実（ブラック・グリーン）各12g
（好みで）

1　白神こだま酵母を使用する場合は、ぬるま湯（水105gの一部）で予備発酵させておく。

2　フードプロセッサー（またはハンドブレンダー）に、適当な大きさに切ったケールとオリーブオイルを入れてピューレ状にする。回りにくい場合は、水の一部を加えてもよい。

3　ボウルに強力粉、てんさい糖、海塩を入れてよく混ぜる（予備発酵が不要なイーストを使う場合はここで投入）。

4　3のボウルに1と2、残りの水を加えて混ぜ合わせ、滑らかになるまでよくこねる。オリーブを入れたい場合は、生地が滑らかになったあとで加えて、よくこねる。

5　生地が乾燥しないように、ボウルにラップか蓋をして、37℃で30〜45分ほど一次発酵させる。

6　生地が1.5倍くらいの大きさになったら、生地を丸く成形しながらガスを軽く抜き、オーブン用シートを敷いた天板の上にのせる。

7　37℃で40分から1時間ほど二次発酵。しっかり膨らんだら、表面にたっぷりケールオイル（またはオリーブオイル）を塗り、くぼみを数カ所入れて、好みで海塩やオリーブをトッピングする。

8　200℃に予熱したオーブンで20分〜25分くらい焼く。

9　焼き上がったら乾燥防止に、表面にケールオイル（またはオリーブオイル）を塗る。

ポイント

イーストを少なめにしてゆっくりと発酵させることで、ケールの風味がより生きたフォカッチャになりました。ケールオイルを使うと風味は倍増！

炒める／焼く／揚げる

ケールのキッシュ

意外と簡単にできちゃいます。アパレイユにケールオイルを忍ばせて、具材にもケールを入れて。ケール満足度の高いキッシュです。

> この料理に合うケール：カーボロネロ／ロシアンケール／カーリー系／コラード系

材料（直径18cm×高さ5cmのキッシュ型）

- 生地
  バター（食塩不使用）100g
  強力粉 75g
  薄力粉 75g
  海塩 2g
  冷水 60g

- アパレイユ
  全卵 2個（約120g）
  牛乳 100g
  生クリーム 100g
  塩糀（P.116）15g
  海塩 2g
  白胡椒 適量
  ケールオイル（P.117）30g

- 具材
  カリフラワー 60g
  ケール 30g
  ベーコン 100g

ポイント
・カリフラワーの原種はケールなので合うはず！と選びました。季節によって、いろいろな食材と掛け合わせてみてください。
・作りおき可能。冷たいままでも、トースターで温め直しても、どちらもよさがあります。

保存
冷蔵庫で3日ほど

生地を作る

1 バターは1cm角にカットして冷蔵庫でしっかりと冷やしておく。
2 粉類と海塩を合わせて振るいながらボウルに入れる。
3 2に1を加え、カードで切るように粉類とバターを合わせてそぼろ状にする。
4 冷水を加えて再びカードで切るように混ぜて生地をまとめる。
5 4を袋に入れて冷蔵庫で30分ほど寝かせる。
6 オーブンを180℃に予熱する。生地を薄く（3mmほど）伸ばしてピケをし、型に敷き込んで重石を置く。
7 オーブンで25分ほど焼く。
8 ふちがきつね色にしっかり色づいたら重石を外し、さらに5分焼成する。

アパレイユを作る

ボウルに全卵をよくほぐしたあと、ケールオイル以外の材料を入れてよく混ぜる。きめの細かい漉し器で3回漉す。濾したあとにケールオイルを入れて混ぜる。

具材を炒める

カリフラワーは小分けにし、ケールは食べやすい大きさにカット。好みの厚さに切ったベーコンをフライパンで炒め、カリフラワーも加熱し、最後にケールを加えてさっと火を通す。

キッシュを組み立てる

空焼きしたキッシュの生地に具材を敷き詰めて、アパレイユを流し込む。好みでパルメザンチーズや黒胡椒（分量外）をかけて、予熱した180℃のオーブンで30～40分焼く。

炒める／焼く／揚げる

ケールのオーブンチップス

もっとも簡単で、もっともシンプルで、もっとも子どもに人気のある!?　料理にもおやつにも、トッピングにも使える万能選手です。購入して日が経ったり旬がすぎたりするとケールの色が変化しますが、そんなときはチップスにすると、逆に色の違いを生かした一品になります。

> この料理に合うケール：カーリー系

材料
カーリー系ケール　好きなだけ
オリーブオイル　適量
海塩　適量

1　カーリー系ケールの水気をしっかり拭き取り、食べやすい大きさに切る。太い茎もスライスすればOK。
2　オーブンを150℃に予熱する。
3　鉄板にオーブン用シートを敷き、ケールが重ならないように広げて、オリーブオイルを薄くまぶす。海塩を適量振りかける。
4　オーブンで15〜20分ほど焼く。

ポイント
・そのままぱりぱり食べてもよし。細かく砕いて粉末状にし、パスタやスープ、サラダなどのトッピングにしても！
・好みのスパイスや粉状にした鰹節削り節、すりごまなどと合わせて、オリジナルふりかけを作っても！　汎用性の高いケールチップスです。

煮る

ケールは、特にカーボロネロは煮ると旨みが増し、味に奥行きが出ます。
ケールそのものが旨み調味料のような、出汁のような役割を持っていることに
気づきます。ケールを煮込み料理に使うと、ほかの食材の持ち味も、
より魅力的にしてくれる、そんな力を感じます。

煮る

ケールのフェジョン

フェジョンはブラジルの伝統料理で、豆シチューのようなもの。ブラジルでは、ケールが日常的に食べられていて、フェジョアーダという豆料理には欠かせないつけ合わせです。本書ではケールを豆などと一緒に煮込み、発酵ケールを添えたアレンジ豆料理にしました。とても簡単にできて子どもも食べやすいので、煮込み料理の定番に加えてみてください。

この料理に合うケール：カーボロネロ／カーリー系／コラード系

あると便利な道具
ジューサーまたはフードプロセッサー

材料（6〜8皿分）
● ターメリックライス
　米　2合
　水　米と同量
　バター　25g
　ニンニク（P.13）　10g
　ターメリック　3g
　海塩・白胡椒　適量

● フェジョン
　玉ねぎ　250g（約1個強）
　セロリ　40g（約1/2本弱）
　ベーコン　70g
　ケール　100g
　昆布水（P.116）　250g
　オリーブオイル　25g
　（約大さじ2）
　ニンニク（P.13）　25g
　豚ひき肉　150g
　赤ワイン　150g
　豆の水煮　125g
　※いんげん豆、ひよこ豆、大豆など好みのもの
　トマト缶　100g（1/4缶）〜
　※好みの分量で
　海塩・胡椒　適量

　発酵ケール（P.36）　適量

1　ターメリックライスを作る。鍋に全材料を入れて炊く。
2　フェジョンを作る。玉ねぎとセロリはみじん切り、ベーコンは5mm幅にカット。
3　ケールは昆布水とともにジューサーかフードプロセッサーにかけてピューレ状にする。
4　鍋にオリーブオイルとニンニクを入れ、香り立つまで炒める。
5　4に2を加えて炒め、しんなりしたら豚ひき肉を加えて炒める。
6　肉に火が入ったら、3のケールピューレ、赤ワイン、豆（と好みでトマト缶）を加え、弱火で30分〜45分ほど煮込む。
7　海塩・胡椒で味をととのえて完成。ターメリックライス、フェジョン、発酵ケールを添えて食べる。

ポイント

トマト缶を入れずに作ると、さらにケールの旨みを感じることができます！

煮る

ケールのオイルサーディン

ケールオイルを仕上げに使うと、料理にコクや奥行きがもたらされます（詳しくはP.117へ）。そんなケールオイルに実山椒とイワシを合わせたこの料理は、一見難しそうで、実はすごくシンプル。ケールと実山椒という個性のぶつかり合いが、イワシの旨みを底上げし、それぞれの風味が引き立つ一品に仕上がりました。

材料
イワシ（三枚おろし）　10枚（5尾分）
料理酒　30g
ケールオイル（P.117）　250gくらい
実山椒　15g

1　イワシに軽く塩（分量外）を振り、15分ほど冷蔵庫に置いておく。
2　表面の水分をペーパータオルで拭き取り、料理酒を振りかけて5分ほど冷蔵庫に。
3　小鍋にケールオイルと実山椒を入れて弱火に。実山椒がクツクツと香り立ってきたら火を止める。
4　フライパンやスキレット、鍋などに、3のオイルを薄くひいてから、イワシの皮のほうを上に向けて並べ、オイルの残りを回し入れ、中火にかける。オイルが沸いたら火を止める。

保存
オイルに浸した状態のまま冷蔵庫で3日ほど

ポイント
・ケールオイルは上澄みだけ使うと上品な仕上がりに。かき混ぜて使うと、より奥深い味わいが出ます。
・日持ちするので、たくさん作っていろんな料理に。パスタやピザ、サラダなどの具材に、バゲットの上にのせて前菜などに。

煮る

ケールの牛煮込み

煮込み料理に、ケールをピューレ状にして出汁として使う料理です。手頃な肉でもごちそうに仕上げてくれます。すごく手が込んでいるように見えるのに、とても簡単な、ラッキーレシピです。

> この料理に合うケール：カーボロネロ／カーリー系／コラード系

あると便利な道具
ジューサーまたはフードプロセッサー、ハンドブレンダー

材料（2〜3人分）
牛すね肉（シチュー・カレー用）600g
※牛すじや豚スペアリブなどでも
ケール　100g
水　500㎖
ニンニク（P.13）　40g
生姜　40g
長ねぎ　1本
八角　1個
紹興酒　150g（3/4カップ）
醤油　100g（大さじ5）

1　肉は大きめのひと口大に切り、フライパンにごま油（分量外）をひいて表面をこんがりと焼く。

2　ケールと水をジューサーかフードプロセッサーでピューレ状にする。または、圧力鍋にケールと水を入れて、ハンドブレンダーにかける。

3　ニンニクは潰し、生姜はスライス、長ねぎは鍋に入る長さに切る。

4　圧力鍋にすべての材料を入れ、20分ほど圧をかける。

〜もうひと手間でさらに美味しく！

5　圧力鍋から肉と3をすべて取り出し、液体部分を冷やす。

6　表面にかたまった油を取り除き、濾す。

7　小鍋に濾した出汁を入れて火にかけ、同量の水で溶いたくず粉（粉末）6g（約大さじ1）でとろみをつける。

8　7に肉を戻し入れ、軽く温めなおして完成。

> ポイント
> ・手順4で終えても立派な一品になりますが、手順5以降を加えると、味が馴染んでまろやかになり、"ケールは出汁"を一層楽しめます。ぜひお試しを！
> ・濾した場合に残ったケールは、お湯や出汁を加えると旨みたっぷりのスープに！

ケールの火鍋（豆乳スープ／麻辣スープ）

思う存分ケールを楽しんでほしい！ということで、鍋料理2種を紹介します。まずは、ケールを出汁にくぐらせる程度にしゃぶしゃぶして、ケールそのものの味と食感を楽しんで。その後、ケールをくったくたに煮込んでいくと、ケールから旨み出汁がどんどん出てきて、もう箸が止まりません。

この料理に合うケール：カーボロネロ／カーリー系／コラード系／ロシアンケール／ソフトケール

あると便利な道具
ジューサーまたはフードプロセッサー、ハンドブレンダー

豆乳スープ

材料（5〜6人分）
干し椎茸　5枚
昆布水（P.116）　400g

ケール　100g
ニンニク（P.13）　30g
生姜　30g
昆布水（P.116）　200g

紹興酒　50g（大さじ3と小さじ1）
みりん　50g（大さじ2と小さじ2強）
白味噌　30g（大さじ1と小さじ1強）
醤油　25g（大さじ1強）
海塩　5g（小さじ1）
クコの実　20粒（好みで）

豆乳　700g

1 干し椎茸を昆布水400gで戻し、やわらかくなったら水気を軽く絞り、軸を取り除いてスライスする。
2 ケール、ニンニク、生姜を椎茸の戻し汁と昆布水200gとともにジューサーかフードプロセッサーにかける。または食材と水分の一部を鍋に入れてハンドブレンダーでピューレ状にしても。
3 豆乳以外の材料を鍋に入れ、混ぜながら中火で10分ほど煮込む。
4 豆乳を加え、ひと煮立ちしたらいったん火を止める。野菜や肉などの具材を入れて食べるときは、豆乳が分離しすぎてしまうので強火はNG。中弱火で。

ポイント
・〆にはショートパスタ＆パルメザンチーズ、ごはんでおじやに、チーズと黒胡椒を足してリゾット風などに。
・分量を減らして作って、スープとして食べるのもおすすめです！

麻辣スープ

材料（5〜6人分）
干し貝柱　10〜20g
水　1ℓ（うち300mlで干し貝柱を戻す）

ニンニク（P.13）　30g
生姜　30g
長ねぎ　1本

花椒（ホール）2g〜
豆板醤　60g
紹興酒　50g（大さじ3と小さじ1）
赤味噌　30g（大さじ1と小さじ1強）
オイスターソース　15g（大さじ1）
八角　1個
五香粉　2g
シナモンスティック　1本
（またはシナモンパウダー小さじ1/2）
とうがらし　1本〜（好みで）
クコの実　20粒（好みで）

1 干し貝柱を水300mlくらいで戻し、ほぐしておく。
2 ニンニク、生姜、長ねぎをみじん切りにする。
3 鍋にごま油（分量外）をひき、花椒を入れて中火にかけ、香りが出るまで炒める。
4 2を加えて炒め、さらに豆板醤を加えて、焦げないように炒める。
5 残りの材料をすべて鍋に加えて強火にかけ、沸いたらいったん火を止める。

ポイント
・〆には、中華麺や春雨がおすすめ！
・食べるメンバーの好み次第で、豆板醤やスパイス、とうがらしの分量は調整してください。

煮る

ケールのバターチキンカレー

野菜たっぷり！ 野菜ぎらいな子どもも、どんどんおかわりしちゃうケールカレーが完成しました。ケールの量は増やしてもOK。辛いのが好きな大人向けには、カレー粉を増やしたり、仕上げにチリパウダーをプラスしても。

この料理に合うケール：コラード系／カーリー系／カーボロネロ

あると便利な道具
ジューサーまたはフードプロセッサー

材料（6〜8皿分）
鶏もも肉　300g
海塩　3g
黒胡椒　1.5g
ヨーグルト　60g
レモン果汁　12g

ケール　50〜100g
りんご　120g（約1/2個）
トマト　250g（約1個半）

玉ねぎ　250g（約1個強）
にんじん　150g（約1本）

ニンニク（P.13）　25g
生姜　25g

昆布水（P.116）　50g

カレー粉　20g（大さじ3と小さじ1）
シナモンパウダー　1.5g
（小さじ1弱）

生クリーム　50g
バター　25g

甘酒（甘糀）濃縮タイプ（P.116）　150g
ジンジャーレモンシロップ（P.112）　50g
※ほかのシロップでも
醤油　25g（大さじ1と小さじ1弱）
ケチャップ　25g（大さじ1と小さじ1）
海塩　7.5g（小さじ1と1/2）

1　鶏もも肉を食べやすい大きさにカットし、海塩・胡椒をして耐熱皿に入れ、ヨーグルトとレモン果汁で30分ほどマリネする。220℃のオーブンで10分焼く。

2　ケールとりんご、トマトをジューサーかフードプロセッサーにかけてピューレ状に（回りにくければ昆布水の一部を加える）。

3　玉ねぎとにんじんはみじん切りにする。

4　鍋でニンニクと生姜を炒めて香りを出し、玉ねぎをきつね色になるまで炒める。にんじんを加え、しんなりするまで炒める。

5　4に2のケールピューレと昆布水を加えて30分煮込む。

6　1の耐熱皿から鶏もも肉だけを取り出し、肉汁とマリネ液は鍋に加え、カレー粉、シナモンも加えて30分煮込む。

7　生クリームとバター、6で取り出した鶏もも肉を入れて、ひと煮立ち。

8　甘酒（甘糀）、ジンジャーレモンシロップ、醤油、ケチャップ、海塩を加え、よく混ぜてから火を止める。

保存
冷蔵庫で3日ほど。冷凍庫で30日ほど

ポイント
鶏肉を予めオーブンで焼いておくことで、鶏肉自体に旨みが残って、ジューシーにいただけます。

ケールの味噌汁

難しく考えず、手元にあるケールを千切りにして、いつもの味噌汁に加えてみてください。もうそれだけで、旨みの増した完璧なケール料理の完成です。ケールは油との相性がいいので、油揚げは入れたいところですが、なければケールだけでもOK。

> この料理に合うケール：ロシアンケール／コラード系／キッチン系／カーボロネロ

材料（2〜3人分）
ケール　50gくらい
油揚げ　1枚
出汁　600g
味噌　27g

1 ケールと油揚げを食べやすい大きさに刻む。
2 鍋にごま油（分量外）をひき、中火で1を炒める。
3 出汁を加え、沸騰直前で火を止め、味噌を溶く。

ポイント

出汁もないなら、ケールを軽く炒めたところに水を入れても。味噌はぜひ、伝統製法のものや無添加の、"生きた味噌"を。

ケールのチャウダー

ケールと魚介出汁との相性のよさに、思わず舌を巻いてしまうスープです。干し貝柱が手に入りにくい場合は、あさりで代用可能。ケールの量は、使う種類によって、様子を見ながら増やすとよいです。

> この料理に合うケール：コラード系／キッチン系／カーボロネロ

材料（4〜5人分）
干し貝柱　20g
水　200ml

ケール　50g
玉ねぎ　120g（約1/2個）
じゃがいも　120g（約中1個）
にんじん　70g（約1/2本）
オリーブオイル　15g（大さじ1強）

生の帆立（冷凍のものでも）　100g
白ワイン　50g（1/4カップ）

薄力粉（米粉）　20g（大さじ2強）

牛乳（豆乳）　200g（1カップ）
生クリーム（豆乳）　50g（1/4カップ）
白味噌　15g（小さじ2強）
パルメザンチーズ　30g（好みで）
海塩・白胡椒

1　干し貝柱を1時間以上浸水させ、ほぐしておく。
2　ケールは細切り、玉ねぎ、じゃがいも、にんじんを角切りにする。
3　鍋にオリーブオイルを入れ、2を炒める。
4　玉ねぎが透明になったら、生帆立を加えて軽く炒め、白ワインを入れて煮る。
5　いったん火を止め、薄力粉（米粉）を振るいかけ、具材と馴染ませたら、中火にかける。
6　干し貝柱と戻し汁を少しずつ加えながらよく混ぜ、野菜がやわらかくなるまで煮込む。
7　牛乳、生クリーム、白味噌（と好みでパルメザンチーズ）を加えてよく混ぜ、ひと煮立ちしたら火を止める。海塩と白胡椒で味をととのえる。

ポイント

・米粉や豆乳で作るとあっさり系のチャウダーに。
・パルメザンチーズを入れると、よりリッチな味わいに！
・仕上げにケールオイル（P.117）を入れると、より深みが出ます。

ケールとレモンクリームのパスタ

緑色と黄色が鮮やかなパスタ。ケールは柑橘系やクリーム系と相性がいいので、酸味と苦みが美味しいと感じる一品ですが、子どもも好きな料理に仕上がりました。

> この料理に合うケール：カーリー系／カーボロネロ／ソフトケール／ロシアンケール／コラード系

材料（3人分）
好みのパスタ　240g
ケール　50g
生クリーム　150g
レモン　1個
パルメザンチーズ　50g
バター　15g
海塩・黒胡椒　適量

1　パスタを塩適量（分量外）で茹でておく。
2　ケールは細切りにする。
3　フライパンに生クリームを入れて中火にかけ、とろみがついたら、ケール、レモン果汁全量（50gくらい）、レモンの皮のすりおろし（半量）を入れ、再沸騰したら火を止める（ソフトケールを使う場合は、4でパスタのあとに加える）。
4　3に茹でたパスタを入れて和え、チーズとバターを加えて混ぜる。
5　海塩と黒胡椒で味をととのえ、器に盛ったら、残りのレモン皮をすりおろす。

ポイント
乳製品がNGな人は、手順3で豆乳150gとオリーブオイル13gを乳化させてから弱火にかけ、ケールやレモン果汁などを加えるとよい。チーズ分の塩味が足りないので、味を見ながら海塩を足してください。

スイーツ&ドリンク

ケールには、ほどよい苦みと甘み、旨みが詰まっています。
そんな食材をスイーツに使わない手はない！
ということで、ケールらしさを楽しめるスイーツの、ほんの一部を紹介します。
抹茶の代わりに、これからはケールで！

スイーツ&ドリンク

トーストとケールクリーム

いつものパン朝食が一気に華やぎます。ケールオイルバージョンと、ケールのシロップ煮バージョンの2種を紹介。トースト以外にも、クラッカーやパイなどにのせて、アペリティフとして楽しんでも。フルーツサンドのクリームとしても使えます。

材料（作りやすい分量）

● ケールオイル ver.
クリームチーズ　90g
バター（食塩不使用）　45g
てんさい糖　20g
海塩　適量
ケールオイル（P.117）　20g

● ケールのシロップ煮 ver.
ケールオイルの代わりに、
太白ごま油　20g
ケールのシロップ煮　30g
※ケールシロップ（P.117）を作ったときにできる甘く煮たケールのこと

1 クリームチーズを耐熱容器に入れてラップをし、電子レンジ（200W）で50秒～1分温め、やわらかくしておく。バターは室温に戻しておく。
2 ボウルに1を入れてハンドミキサーでしっかり混ぜる。
3 てんさい糖と海塩を加えて白っぽくふんわりするまでよく泡立てる。
4 ケールオイル（または太白ごま油）を加えてよく混ぜる。
5 シロップ煮バージョンの場合は、最後にケールのシロップ煮を細かく刻んでから加えて、よく合わせる。
6 好みのパンを軽くトーストして、クリームをたっぷりのせる。

保存
冷蔵庫で10日ほど、
冷凍庫で（ラップに包んで平らにして）1カ月ほど

ポイント
クリームチーズがだまにならないようしっかりやわらかくしておきましょう。
仕上がりが滑らかになります。

スイーツ&ドリンク

ケールのバナナマフィン

バナナとココナッツという主張の強い素材と掛け合わせても、美味しさの相乗効果を発揮します。てんさい糖を控えめにするとケール感が増して、朝食代わりにもなる野菜マフィンに！

> この料理に合うケール：コラード系／ロシアンケール／ソフトケール／カーリー系／カーボロネロ

あると便利な道具
ジューサーまたはハンドブレンダー、ハンドミキサー

材料（マフィン型6個分）

● ピューレ
　ケール　40g
　バナナ　40g（約1/2本）

● ボウルA
　バター（食塩不使用）　50g
　※室温に戻しておく
　てんさい糖　55g
　※「野菜マフィン」にしたい場合は、半量まで減らしてOK。ただし、焼き色はつきにくくなり、高さもあまり出ない
　全卵　1個（約65g）

● ボウルB
　薄力粉　50g
　アーモンドプードル　50g
　ベーキングパウダー　1g
　ココナッツファイン　30g

● トッピング（好みで）
　キャラメルバナナ　1.5本
　てんさい糖　25g
　バター（食塩不使用）　5g

準備
・型に紙を敷いておく。
・オーブンを180℃に予熱しておく。

1　ジューサー（またはハンドブレンダー）でケールとバナナをピューレ状にする。

2　ボウルAに、やわらかくなったバターとてんさい糖を入れて、ハンドミキサーで白っぽくなるまで泡立てる。

3　2に溶いた卵を3回に分けて、その都度しっかりハンドミキサーで混ぜる。

4　3にボウルBの材料を振るいながら加え、ゴムベラで切るように混ぜる。

5　1とココナッツファインを加えて、ゴムベラで混ぜる。

6　マフィン型に生地を流し入れる。好みで、キャラメルバナナとココナッツファイン（分量外）をトッピング。

7　180℃に予熱したオーブンで30分焼く。

～もうひと手間でさらに美味しく！
トッピングの作り方
フライパンにてんさい糖を入れて中火にかけ、キャラメル状になったら6等分したバナナを入れてキャラメリゼ。最後にバターを加えて絡め、バットに移し、粗熱を取る。

保存
アルミホイルに包んで密閉袋に入れて、冷蔵庫で5日間ほど。温め直すときはアルミホイルのままトースターで焼き戻すとよい。

ポイント
・「ケールクリーム（P.96）」を添えても！
・薄力粉を入れたらネバリが出るので、ねちゃねちゃと混ぜすぎないように！ゴムベラで切るように混ぜてください。ふわっと仕上がります。

ケールのチーズケーキ

デザートというよりも、お酒のおともにもなる大人のチーズケーキ。ゴルゴンゾーラがケールの風味を引き立ててくれます。もっとケール感を強めてお食事っぽくしたい場合は、生のケールを加えるとよいです。

> この料理に合うケール：コラード系／カーリー系／ロシアンケール／ソフトケール／カーボロネロ

あると便利な道具
フードプロセッサーまたはハンドブレンダー、ハンドミキサー

材料（直径15cmケーキ型）

● 「A」
クリームチーズ　200g
※室温に戻すorレンジ200Wで2〜3分かけてやわらかくしておく
ケール　30g
サワークリーム　25g
※または水切りヨーグルト20g+レモン果汁5g
てんさい糖　25g
海塩　1g

卵黄　30g
薄力粉　15g
コーンスターチ　3g

● ボウルB
卵白　40g
てんさい糖　25g
※冷蔵庫で冷やしておく

ゴルゴンゾーラチーズ　30g

準備
・型にオーブン用シートを敷いておく。
・オーブンを160℃に予熱しておく。

1 フードプロセッサーに「A」の材料を入れてかく拌させる。あるいは、耐熱ボウルにクリームチーズを入れてレンチンor湯煎して、そこに「A」のほかの材料を加えてハンドブレンダーを使ってかく拌させてもOK。
2 1に卵黄を加えてかく拌させ、薄力粉、コーンスターチを加えてさらにかく拌。フードプロセッサー使用の場合は、ここでボウルに移す。
3 冷やしておいたボウルBをハンドミキサーでメレンゲにする。
4 2のボウルにボウルBのメレンゲを3回に分けて加えて、ゴムベラでさっくりと混ぜる。
5 4にゴルゴンゾーラチーズを手でほぐしながら加えて、さっくりと混ぜる。
6 5を型に流し入れて、160℃に予熱したオーブンで90分焼く。
7 焼き上がったら粗熱を取って冷蔵庫でしっかり冷やしてからカットする。

保存
冷蔵庫で5日ほど、冷凍庫で30日ほど

ポイント
・クリームチーズはしっかり滑らかにしておく！　かたいままだと粉を入れたときにしっかりと混ざりません。
・ゴルゴンゾーラが苦手な人は、その分、クリームチーズを増やしてください。
・お食事っぽくしたい場合、刻んだ生のケール10gくらいを手順5で加えてください。
・ゴルゴンゾーラの代わりに、カットしたマンゴーやベリー類を入れると子どもも大好きなスイーツになります。

ケールのロールケーキ

ふわふわのロールケーキに「ケールのオーブンチップス」を粉砕して加えました。市販のケールパウダーもプラスしてきれいな緑色に。ケールチップスは入れなくても成立しますが、あるとケール風味をより感じることができます。

あると便利な道具
ハンドミキサー

材料（26cm角の天板 一枚分）
- クリーム
  生クリーム　150g
  てんさい糖　10g
  苺ジャム　80g
  ケールシロップ（P.117）適量

- 生地
  （ボウルA）
  卵白　130g
  てんさい糖　60g
  ※冷蔵庫で冷やしておく

  （ボウルB）
  卵黄　110g
  てんさい糖　30g

  （粉類）
  薄力粉　50g
  ケールのオーブンチップス（P.74）
  　を粉砕したもの　5g
  市販のケールパウダー　5g
  ※ケールチップスがない場合は、市販の
  　ケールパウダーだけでもよい

  生クリーム　40g
  ※湯煎して温めておく

保存
冷蔵庫で2日ほど

準備
・ロール生地用の天板にオーブン用シートを敷いておく。
・オーブンを180℃に予熱しておく。

1 生クリームにてんさい糖を加えてハンドミキサーで八分立てにする。
2 1と苺ジャムをゴムベラで合わせて苺クリームを作る。

生地を作る
1 冷やしておいたボウルAの卵白とてんさい糖をハンドミキサーで混ぜ、しっかりとしたメレンゲ（八分立て）を作る。
2 ボウルBに卵黄とてんさい糖を入れて、もったりと白くなるまでハンドミキサーでよく泡立てる。
3 1のメレンゲを2に一度に加えて、ゴムベラで手早くよく混ぜる。
4 3に粉類を振るいながら加えて、切りながらよく混ぜる。
5 温めておいた生クリームを加えて、ゴムベラで混ぜる。
6 生地を天板に流し入れて、180℃に予熱したオーブンで15分ほど焼く。
7 焼き上がったら粗熱を取り、オーブン用シートを外して、よく冷ます。

仕上げ
1 焼き色がついている面にケールシロップを刷毛で塗る。生地がしっとりする。準備しておいた苺クリームを薄く塗る。
2 巻きはじめに芯を作るようなイメージできゅっと手前に生地を巻き込み、あとは勢いでくるくると巻く。1時間ほど冷やしてからカットする。
3 当日中は、クリームのフレッシュさと生地の"ふわっと"感を楽しめる。翌日は生地とクリームが馴染んで、また違った味わいが感じられる。

ポイント
・粉を入れたら粉っぽさがなくなるまで、しっかりと切るように混ぜましょう。
・温かい生クリームを入れること！ 冷たいまま入れるとふんわり感が消えてしまいます。

スイーツ&ドリンク

ケールのパンケーキ

野菜ぎらいな子どもにもケールを気軽に食べてほしくて、朝ごはんやおやつの定番であるパンケーキに取り入れてみました。大人にも子どもにも喜んでもらえると思います。

> この料理に合うケール：コラード系／カーリー系／ロシアンケール／ソフトケール／カーボロネロ

あると便利な道具
ジューサーまたはハンドブレンダー

材料（直径12cmくらい9枚分）
牛乳（豆乳）　140g
ヨーグルト（豆乳ヨーグルト）　120g
ケール　80g
卵　4個（約240g）
薄力粉　300g
てんさい糖　80g
海塩　2g
ベーキングパウダー　15g

1 牛乳、ヨーグルト、ケールをジューサー（またはハンドブレンダー）でピューレ状にする。
2 ボウルに卵を割り入れ、泡だて器でしっかりほぐし、1を加えて混ぜる。
3 2に薄力粉を3回に分けて混ぜ、てんさい糖、海塩、ベーキングパウダーも加えてさらによく混ぜる。
4 3にラップをして、常温で30分ほど寝かせる。
5 フライパンに油をひいて中弱火で熱し、温まったら生地をおたまですくって入れて焼く。3～4分ほどで表面にぷつぷつと泡が出たらひっくり返し、弱火で焼き色がつくまで焼く。

ポイント
・まとめて多めに焼いて、1枚ずつアルミホイルに包んで密閉袋に入れて冷凍しておいても。トースターで焼き直せば、忙しい朝でも、ささっとしっかり栄養チャージが完了！
・「ケールクリーム（P.96）」がとってもよく合います。

ケールのクッキー（ヴィエノワ／サブレ）

ケールを使った食感の違うクッキー2種をご提案。上品で軽い口当たりのヴィエノワと、ざくざく食感の素朴なサブレです。

あると便利な道具
ハンドミキサー

ケールのヴィエノワ

材料（作りやすい分量）
バター（食塩不使用）　120g
※室温に置いてやわらかくしておく
粉糖　60g
※グラニュー糖を粉砕したものでも
海塩　1g
卵白　30g
薄力粉　120g
ケールのオーブンチップス
（P.74）を粉砕したもの　20g
※市販のケールパウダー10gでも

準備
オーブンを170℃に予熱しておく。

1　ボウルにバターと粉糖と海塩を入れて、白っぽくなるまでハンドミキサーでしっかりと混ぜる。
2　1に溶きほぐした卵白を数回に分けて加えてよく混ぜる。
3　2に粉類（薄力粉、ケールパウダー）を加えてゴムベラでさっくりと切るように混ぜる。
4　好きな口金をはめた絞り袋に生地を入れて、オーブン用シートを敷いた天板に絞り、170℃に予熱したオーブンで15分ほど焼く。

保存
常温で密閉容器に入れて14日間ほど

ポイント
絞り袋や口金がない場合は、スプーンで落としてもよい。ただし、焼きムラの原因になるので、大きさと厚みをできるだけ均等にしましょう。

ケールとパルメザンチーズのサブレ

材料（作りやすい分量）
バター（食塩不使用）　100g
※室温に置いてやわらかくしておく
てんさい糖　50g
全卵　20g
薄力粉　110g
アーモンドプードル　20g
パルメザンチーズ　15g
ケールのオーブンチップス
（P.74）を粉砕したもの　15g
※市販のケールパウダー7gでも
ベーキングパウダー　1g

準備
オーブンを180℃に予熱しておく。

1　ボウルにバターとてんさい糖を入れて、ハンドミキサーで白っぽくなるまでしっかりと混ぜる。
2　1に溶きほぐした全卵を数回に分けて加えてよく混ぜる。
3　粉類（薄力粉以下の材料）を加えてゴムベラでさっくりと切るように混ぜる。
4　生地を30分ほど冷蔵庫で寝かせ、ラップに移して棒状に成形。切りやすいように冷凍庫で15分ほど冷やし、8mmほどにカットする。オーブン用シートを敷いた天板に並べ、180℃に予熱したオーブンで15分ほど焼く。

保存
常温で密閉容器に入れて14日間ほど

ポイント
・カットするときは厚みをそろえましょう。
・室温が高い場合、カットしたあと、オーブンに入れるまで冷凍庫に入れておくとよいです。

スイーツ&ドリンク

ケールのジュレ

ケールと柑橘の組み合わせが涼やかさをアップさせます。小夏の甘みとわたのほろ苦さ、ケールのシロップ煮のしゃりっと食感を楽しむデザートです。

材料（作りやすい分量）
小夏　3個
※甘夏、河内晩柑、八朔などの柑橘類でも。皮はむいて千切りに、実は食べやすい大きさにカット
白ワイン　120g
てんさい糖　60g
ケールのシロップ煮（P.117）50g
水　120㎖
粉寒天　1g

1　鍋に小夏1個分の皮、白ワイン、てんさい糖を入れて、中火で沸くまで火にかける。
2　1にケールのシロップ煮を加えて沸いたら火を止め、ボウルに移す。
3　鍋に水と粉寒天を入れて沸とうさせ、沸いたままかき混ぜながら2〜3分火にかける。
4　2のボウルに移して混ぜ、氷でしっかりと冷やす。
5　食べる直前に小夏の実を加える。

保存
小夏を加えずジュレの状態であれば冷蔵庫で4日ほど

ポイント
・小夏以外の柑橘類を使う場合は、皮の白いわたは取りましょう。
・マスカットや桃などを使っても。いろんな果物をミックスにすると豪華です（この場合、1でレモンや柚子の皮を約1/4個分加え、沸いたら取り除く）。
・ジュレ部分だけ作りおきができます。果物を加えたらすぐに食べてください。

ケールのソルベ

香りの強いもの同士を合わせると底力を発揮するかのように、ケールがメキメキと表に出てきます。とってもさっぱりした後口なので、濃い料理の箸休めとしてお出ししても、喜ばれると思います。

> この料理に合うケール：ソフトケール／ロシアンケール／カーリー系

あると便利な道具
ジューサー、またはハンドブレンダー、またはフードプロセッサー

材料（作りやすい分量）
水　150㎖
てんさい糖　100g
レモン果汁　50g
ケール　30g　刻む
セロリ　20g　刻む
青じそ　10g

保存
冷凍庫で10日ほど

1. 鍋に水、てんさい糖を入れて火にかけ、沸いたらレモン果汁を加えて混ぜ、火を止める。粗熱が取れたら冷蔵庫で冷やしておく。
2. ジューサーなどに1のシロップの一部と野菜たちを加えて、しっかりかく拌する。
3. 残りのシロップを加えてよく混ぜ、冷凍可能な容器に移して冷凍庫へ。2～3時間ごとにフォークでよく混ぜる。

ポイント
このソルベは香りが美味しさの1つなので、できれば2、3日のうちに食べきりましょう。日が経つにつれてセロリや青じその香りが飛んでしまいますが、ケールの風味は残ります。

ケールのアイスクリーム

シロップ煮に使うケールの種類によって風味や食感が異なりますが、いずれにしても、いい意味で野菜感を楽しめるアイスクリームです。アイスクリームから手作りバージョンがおすすめです。

簡単アレンジver.
市販のミルクアイス　1カップ
（130㎖前後）
※豆乳アイスなど好みのアイスでも
ケールのシロップ煮（P.117）　30g

1. ミルクアイスをボウルに移してゴムベラで練る。
2. ケールのシロップ煮を加えて素早く混ぜて、冷凍可能な容器に移して冷凍庫で冷やしかためる。

アイスクリームも手作りver.
牛乳　300g
生クリーム　200g
てんさい糖　160g
くず粉　20g
ケールのシロップ煮（P.117）　50～100g

保存
冷凍庫で1カ月ほど

1. 鍋に牛乳、生クリーム、てんさい糖、くず粉を入れてよく混ぜてから中火にかける。
2. ふつふつと沸いてきたら弱火にして泡だて器で混ぜながら2分ほど煮る。
3. 漉し器で漉し、氷を当てて急冷する。
4. 冷めたらケールのシロップ煮を加えて、アイスクリームマシーンなどでかく拌する。または、冷凍可能な容器に移して冷凍庫へ。2～3時間ごとにフォークでよく混ぜる。

ケールのモクテル（ノンアルコールドリンク）

ケールのドリンクって、苦いイメージしかない……そんな人にこそ、作ってほしいドリンクです。

あると便利な道具
ジューサー

ケールと甘糀とマンゴーのスムージー

材料（2～3杯分）
甘糀（甘酒）濃縮タイプ（P.116）　100g　※市販品や自家製を使う場合は、味を見ながら調整を
豆乳　80g／氷　80g／マンゴー（冷凍でも）　80g／好みのケール　30g／レモン果汁　5g

ケールは適当な大きさにカットし、すべての材料をジューサーにかける。

ケールのメロンソーダ

材料（4杯分）
メロン　200g／氷　200g／ケールのシロップ煮（P.117）　100g
レモン果汁　10g／サイダー　350g／アイスクリーム　4スクープ

1　メロン、氷、ケールのシロップ煮、レモン果汁をジューサーにかける。
2　1をグラスの半分まで注ぎ、サイダーをグラスの端からゆっくり注ぎ入れて二層にする。
3　仕上げにアイスクリームをトッピング。

ケールのジンジャーレモン

● ジンジャーレモンシロップを作る
生姜　250g／水　200㎖／てんさい糖　350g／レモン果汁　80g

1　生姜はすりおろすか、適当な大きさにカットして水の一部を少量加えて、フードプロセッサーで細かくする。
2　鍋に1の生姜、水、てんさい糖を入れ、沸騰したら蓋をして弱火で20分炊く。灰汁が出たら取る。
3　濾して、シロップだけを鍋に戻して、レモン果汁を加えて1分加熱。

● ドリンクを仕上げる
材料（1杯分）
ケールシロップ（P.117）　50g　※ケールのシロップ煮を加えてもよい
ジンジャーレモンシロップ　50g／氷　40g／炭酸水　120㎖

グラスにケールシロップとジンジャーシロップを入れて、氷をそっと加えて、炭酸水を注ぐ。

保存
ジンジャーレモンシロップは、熱い状態で保存瓶に入れ、煮沸して密閉すれば、常温で1年保存可能。
冷ましてから瓶などに入れて冷蔵保存する場合は1カ月ほど

ポイント
濾したあとの生姜のガラは、密閉容器で冷蔵保存2カ月ほど、密閉袋に入れて薄く伸ばして冷凍も可能。
生姜の風味や香りはそのままに、ほんのり甘みがついているので、調味料としてとても便利に使えます。生姜焼きのたれや揚げびたしなど、生の生姜をすりおろして使いたい料理に、ぽんと加えるだけ！酢や醤油に浸しておいても。

ケールのジンジャーレモン

ケールと甘糀とマンゴーのスムージー

ケールのメロンソーダ

スイーツ&ドリンク

ケールのカクテル

ケールを使ったカクテルは、さっぱりと飲みやすいので、飲みすぎにはご注意を。

> この料理に合うケール：ソフトケール

あると便利な道具
ジューサー

ケールの白ワインカクテル

クセが少なく、やわらかいソフトケールを使うことで、すっきりとした後口の"食べるカクテル"になりました。

材料（1杯分）

パイナップル（冷凍） 100g／白ワイン（または日本酒） 100g／レモン果汁 15g ／ケール 10g

ジューサーにすべての材料を入れてかく拌し、グラスに注ぐ。

ケールのモヒート

ケールをハーブ的に使った、この上なく爽やかなアルコールドリンクです。

材料（1杯分）

ケール 20g／ライム 1/2個／ミント 適量／ケールシロップ（P.117） 30g／ラム酒 30g／氷 50g／炭酸水 50㎖

1 グラスに、細かく刻んだケール、皮を外したライム、ミントを入れてマッシャーやすりこ木などで軽くつぶして果汁を出す。
2 グラスにケールシロップ、ラム酒、氷を入れてよく混ぜ、1を加える。
3 炭酸水を注ぎ、軽く混ぜる。

ケールの白ワインカクテル

ケールのモヒート

基本の手作り調味料

昆布水
こんぶすい

材料（作りやすい分量）
水　1ℓ
昆布　20g
（北海道産の天然真昆布）

瓶などに昆布と水を入れ、冷蔵庫に一晩置く。その後は昆布を取り出す。

保存

冷蔵庫で5日まで。製氷皿などに入れて凍らせると、使い勝手がよい。

ポイント

昆布自体の良し悪しが昆布水の、そして料理の味を左右します。北海道産の天然真昆布がおすすめ。よい昆布を少量使うだけで、旨みがしっかり出ます。端切れ昆布などは、海藻臭さが出てしまいますので、避けましょう。

濃い出汁

材料（作りやすい分量）
昆布水　450g
鰹節　20g
みりん　30g
醤油　5g
海塩　3g

1. 鍋に昆布水を入れて中火にかけ、85℃（沸く手前）で火を止め、鰹節を加える。
2. 鰹節がしっかり沈んだら濾して、鍋に戻して調味料を加える。

保存

冷蔵庫で3日ほど

ポイント

・沸騰したお湯に鰹節を入れると、鰹の風味が飛びます。
・お吸いものや煮炊きもの、餡かけなどにも使えます。

塩糀

材料（作りやすい分量）
乾燥糀　250g
海塩　85g
ぬるま湯　500㎖
（40℃くらい）

1. 大きめのボウルに糀を広げて入れて、海塩を振りかける。
2. 糀が割れるくらい強くにぎったり、両手ですり合わせて塩切り糀にし、10分ほど置く。
3. ぬるま湯を全体的に注ぎ、30分〜1時間ほど置く。
4. 糀がやわらかくなるよう揉み、さらに両手ですり合わせて粘りを出し、とろっとしたミルク状にする。
5. タッパーや瓶などの容器に移し、蓋をして涼しい場所に置く。
6. 1日1回、かき混ぜる。夏7日、冬10日ほどでできあがり。ハンドブレンダーなどで滑らかに。

保存

冷蔵庫で半年ほど

ポイント

・炊飯器の保温モードやヨーグルトメーカーで、夏は60℃で10時間、冬は65℃で15時間保温してもよい。

甘糀（甘酒）
濃縮タイプ

材料（作りやすい分量）
水　500㎖
ごはん　300g
（冷ごはんでOK）
乾燥糀　150g

※古代米を使用

1. 鍋にごはんと水を入れて、ねっとりとしたのり状のおかゆを作り、60〜65℃ほどに冷ます。
2. 乾燥糀を加えて、よく混ぜる。
3. 炊飯器の保温モードやヨーグルトメーカーで、夏は60℃で10時間、冬は65℃で15時間保温する。
4. できあがったら、ハンドブレンダーなどで滑らかに。

保存

冷蔵庫で1週間ほど、冷凍庫で（小分けにして）半年ほど

ポイント

・水分量が少ないので、おかゆにするときに焦がさないように。
・きちんと温度管理をして保温しましょう。

酵素シロップ

材料（作りやすい分量）
柚子（まるごと）　500g
好みの柑橘でも（水分量が少ない金柑やスダチなどは不向き）
てんさい糖　500g

1　柚子はよく洗って、しっかり水気を取ってから、8等分する。
2　ボウルに1とてんさい糖を入れて手でよく混ぜ合わせる。
3　保存瓶などに移して、毎日ゴムベラや手でよく混ぜる。
4　約2週間でできあがり。

保存

密閉すれば常温で約1年。年数が経つほどマイルドな味に。使いはじめたら冷蔵庫へ。

ポイント

・よく洗って、しっかり水気を取ることで、雑菌の繁殖と失敗を防止します。
・果実を入れたまま保存してもOK。時間とともに果実からじっくりと酵素が抽出されるので、味わい深くなります。
・濾したあとのガラは、種を取り除き、ハンドブレンダーなどでかく拌するだけで非加熱ジャムに。そのまま食べるほか、調味料としても使えます。

ケールシロップ

材料（作りやすい分量）
ケール（葉のみ）　60g
水　150ml
てんさい糖　150g
レモン果汁　30g

1　ケールの葉は細かく刻む。
2　鍋に水とてんさい糖、レモン果汁を入れて火にかけて、ひと煮立ちさせる。
3　粗熱が取れたら、1を加えて冷蔵庫へ。2日目から使う。

保存

冷蔵庫で10日ほど。ケールの葉ごとキューブ状に凍らせてストックしても。

ポイント

・日が経つにつれてケールの色は変わりますが、美味しさに変わりはありません。
・シロップ自体は、料理にやさしい甘みを足したいときやドレッシング類などに。シロップ漬けのケール（ケールのシロップ煮）は、スイーツ＆ドリンクに使ったり、ヨーグルトに添えたり、ジャム代わりにしたり。

ケールオイル

材料（作りやすい分量）
太白ごま油　200g
ケール　50g

ハンドブレンダーなどで油とケールをピューレ状にする。

保存

冷蔵庫で1カ月ほど

ポイント

・使うケールの品種によって風味や香りに個性が出ます。
・時間を置くと二層になります。上澄みはスープや前菜などの仕上げにひとかけ。上品なアクセントになります。下の層も一緒に使うと、料理に奥行きや風味をプラス。パスタやピザ、魚介料理などと好相性。

マヨネーズ

材料（作りやすい分量）
米油　230g
全卵　1個（約55g）
米酢　7g
海塩　3g
白胡椒　適量

フードプロセッサーを使う場合

油以外の材料を入れてかく拌し、油を少しずつ加えて、もったりしたら完成。さらっとした仕上がり。

ハンドブレンダーを使う場合

縦長の容器に全材料を入れ、油と卵をしっかりと乳化させるために、最初は底にブレンダーを押しつけて、じっと動かさずにかく拌。卵の色が変わってきたら、ゆっくりと上下させながらかく拌する。

保存

冷蔵庫で1カ月ほど

ポイント

・市販品よりもマイルドでクリーミー。主張しすぎない味なので、素材を生かしながら料理にコクを与えます。

ケールの歴史のはなし

紀元前にアブラナ科を率いたケール。これから描く日本でのケール文化

みなさんが、ケールを知るようになったのは、いつ頃のことでしょうか。青汁の原料というイメージを持っている方も多いかもしれません。あるいは、雑誌やテレビなどのメディアで"スーパーフード"として取り上げられていて知ったという人もいるでしょう。または、農家さん直送の野菜セットに入っていた、道の駅やイベントのマルシェなどで見かけたのがケールとの出会いだった、というケースもあるかもしれません。いずれにせよ、せいぜい昭和以降に出てきた新しい野菜といった印象ではないでしょうか。

しかし実は、発祥は紀元前にまでさかのぼり、日本には、鎌倉時代中期（江戸時代初期とする説もある）に入ってきていたとされるほど、古くから存在している野菜です。それどころか、私たちがよく知る、日常的に食されているキャベツやブロッコリーなどは、ケールが先祖だとされています。

これほどまでに壮大な歴史を持ち、ロマンを感じる野菜だとは想像だにしていなかったかもしれません。さらに、ケールは未来を語れる野菜でもあります。以下、諸説ある部分も含みますが、ケールの歴史をかいつまんでお伝えします。

ケールから派生した野菜たち

ケールの和名は「緑葉甘藍（りょくようかんらん）」または「羽衣甘藍（はごろもかんらん）」。アブラナ科の野菜です。キャベツやブロッコリーなども同じ科に属しますが、それらの大元は「学名：Brassica oleracea（ブラシカ・オレラセア）、和名：ヤセイカンラン」というケールの原始型のようなもの。紀元前に地中海沿岸を中心としたヨーロッパで、ケルト人によって栽培、流布されていったようです。古代ギリシャやエジプトでも、薬用や食用として活用されていました。この原種はやがて、長いときを経ながら、花茎はブロッコリーやカリフラワーに、茎はコールラビ、脇芽は芽キャベツに、葉は現在のケールやキャベツにといった具合に変異していきました。

ケールは長いあいだヨーロッパで栄養価の高い野菜として親しまれてきましたが、13世紀頃にドイツ、そしてイギリスで結球したキャベツの存在が確認され、各国でキャベツの改良が盛んになっていったようです。ケール自体も世界各地でその土地や気候に合った品種が生まれていき、各家庭での食文化が広がっていきました。

日本におけるケール

日本には、鎌倉時代中期（または江戸時代初期）にオランダ人によって紅紫色の「おらんだな」と呼ばれるケールが持ち込まれました。当初は食用というよりも、観賞用の花物として品種改良が進み、その結果、葉牡丹が生まれました。食用として活用されたのは、明治時代に入ってから。しかし、あまり栽培は進まなかったようです。一方、結球型キャベツが日本で初めて栽培されたのは江戸末期。明治になってから栽培や流通が盛んになり、品種改良が進んだことで定着したとされています。

第二次世界大戦が終わり、日本人の栄養不足を解消しようという流れの中で、ケールの青汁が誕生。青汁の原料としてのケール栽培が進みました。そういった背景もあって、日本では長らく、そして今でも、"ケール＝青汁"のイメージが強く残っています。

アメリカでは2015年前後に、美容や健康、ダイエットなどに意識の高い著名人などが、"スーパーフード"として注目したことで、ケールブームが起きました。そして日本のメディアでも、アメリカでの流行を伝えたり、スムージーやサラダ、ケールチップスなど、青汁以外の食べ方を紹介することで、ケールが多くの人の目に触れる機会が増えていきました。

世界各国のケール料理と日本のこれから

今では、ヨーロッパ各地、北米、南米、アフリカ、アジアなど世界各地で栽培され、それぞれの土地で、伝統料理や日常食としてケールは愛されています。

アイルランドではハロウィン、スウェーデンではクリスマス料理に登場したり、ドイツの一部地域ではお祭りの名物になっていたりするようです。

アメリカ南部では、元日に伝統料理と一緒にケールやキャベツなどを食べると、その1年は金運がもたらされるとされているのだとか。

ブラジルでは、フェジョアーダという豆料理には欠かせないつけ合わせで、ケールの炒めもの料理コウヴィ・マンテイガは定番になっています。アフリカでは、細切りケールの炒めものをウガリという主食と一緒に食べることが多く、ケールはとても一般的な存在だそう。中国では、縮れた葉のケールは羽衣甘藍と呼ばれますが、チャイニーズケールと呼ばれる芥藍（かいらん）は、甘みのある太い茎が特徴的で、炒めものにしてよく食べられます。

日本でも近いうちに、「日本のケール料理といえばこれ！」「この料理にはケールが欠かせない！」などと、多くの人が思い浮かべることのできるくらい、ケールが定着する日が来てほしいものです。

ケールが持つ高い栄養の正体

今日、あなたがケールを手に取った理由はなんでしょうか？

ケールを選ぶ人の中には、「身体にいいから」など栄養面をあげる人もいるでしょう。ケールは"野菜の王様"と称され、健康飲料の代表格、青汁の原料としても有名です。また、スーパーフードとして注目されたり、栄養価が高いと認識している人も多いと思います。

一方で、「なんとなく身体によさそう」というイメージはあるものの、具体的に何がよいのかは分からないといった人もいるのではないでしょうか。そこで今回、ケールの栄養について、専門家に見解を伺いました。

たくさんの栄養を多く含む素晴らしい野菜、ケール

武庫川女子大学　食物栄養科学部食物栄養学科　教授・農学博士　松井徳光

ケールは、ビタミンだけでもA（βカロテン）やC、Kが豊富で、ミネラルにおいても、日本人に不足しがちなカルシウムや鉄などを多く含んでいます。もちろん、たとえばβカロテンだけを見た場合、にんじんやじゃがいものほうが含有量は多いのですが、1つの野菜の中で、いくつもの重要な栄養素を比較的豊富に含んでいるのが、ケールの大きな特徴です。

ただし、ビタミンCは水溶性であることから、加熱すると、すべてではありませんが分解してしまいます。そのため、積極的にビタミンCを摂取したい場合は、生で食べるか、さっと茹でて（湯通しする程度で）食べるとよいでしょう。一方、ビタミンA、K、Eは脂溶性で、加熱による分解はほとんどありません。油で調理し摂取すると、体内への吸収がより効率的になります。

ケールは主に葉の部分を食べます。ブロッコリーは花と茎の部分を食べます。ケールの葉に存在する食物繊維は、ブロッコリーの花や茎に存在する食物繊維よりも長くて幅広い。そのため、ブロッコリーの食物繊維よりケールの食物繊維のほうが、小腸や大腸などに存在する老廃物を集めやすくなり、排出効果が高くなります。

また、ケールにはそのほかの機能性成分も豊富に含まれています。たとえばルテイン。野菜に入っていることは珍しく、眼精疲労が和らいでいることを感じる人もいると思います。

さらには、スルフォラファン。有名なところでは、ブロッコリースプラウトですね。かつて、アメリカの研究機関で、がんを抑制する効果があることが発表されました。この苦み成分が、ケールにも含まれています。

αリノレン酸は、亜麻仁油やえごま油に多く含まれていて、青魚に含まれるEPA（エイコサペンタエン酸）やDHA（ドコサヘキサエン酸）とともにオメガ3とも呼ばれています。ケールにも含まれており、野菜で摂取できるのは珍しいです。

このようなたくさんの栄養素や機能性成分を豊富に含んだ野菜というのはそう多くはありません。素晴らしい野菜です。しかし、ケールから派生したキャベツやブロッコリーのほうが、今やケールよりも普及して、一般的な野菜になっています。おそらくケールは、キャベツやブロッコリーほど食べ方や料理においての工夫が進まず、その結果、普及に遅れをとってしまったのかもしれません。今後、ケールの新たな調理法や親しみやすい料理などが考え出されることで、さらにケールが人々のあいだで広がっていくことを期待しています。

松井徳光（まつい　とくみつ）
武庫川女子大学　食物栄養科学部　食物栄養学科　教授
農学博士
専門は微生物学、特に食品微生物学。

2006年から武庫川女子大学生活環境学部（現食物栄養科学部）教授。2022年から研究推進センター長。現在の研究テーマは、「きのこの発酵能を用いた機能性食品の開発」。この分野では、世界の第一人者。新聞等の掲載やテレビ等の出演も多く、「世界一受けたい授業」にも出演。取得した特許は11件。2015年から「全国農業新聞」にて毎月「発酵食品」や「野菜」に関する記事を連載中。

ケールを研究開発、独自調査で判明した高い栄養バランス
株式会社増田採種場　専務取締役　増田秀美

ケールには、ビタミンやミネラルなどの栄養が多く含まれています。私たちは独自の分析を行い、同じアブラナ科のキャベツやブロッコリーと比べると、ビタミンA（βカロテン）、ビタミンC、カルシウム、食物繊維において、ケールの数値が群を抜いていることが分かりました（比較品種：サンバカーニバル（ソフトケール）100g）。

ケールは、抗酸化作用を持つビタミンA（βカロテン）、C、Eを含みますが、特にβカロテンの含有量がとても多いのです。また、ミネラルにおいては、野菜でカルシウムが摂取できることも、ケールの大きな特徴です。カルシウムといえば、牛乳をはじめとする乳製品や、小魚などを思い浮かべる人もいるでしょう。アレルギーや様々な理由で動物性食品を選択しない人もいるため、そういった方々はカルシウム不足を心配するかもしれません。ケールだけを食べていれば安心というわけではありませんが、牛乳の約2倍のカルシウム含有量がありますし、積極的に食べることをおすすめしたい野菜です。

このように、数値の上でケールは様々な栄養を多く含むといえますが、実際に食べる（調理する）ことを考慮した場合にも、ケールは可食部が多い（捨てるところがほぼない）ので、その分、栄養をより効果的に摂取できるのではないかと考えています。芯がかたいと感じた場合には、薄くスライスしたり、細かく刻んだり、あるいはジューサーなどでペーストや液状にすると、様々な料理に使いやすくなります。

ケールは"苦い"と表現されることが多いですが、旬の時期は甘みを感じますし、冬は味わいが濃くなります。最近では苦みを抑えた品種も多くあり、一概に苦い野菜ともいえなくなっていると思います。何よりも、苦みも重要な味覚の1つですし、野菜の特徴の1つです。
産地や品種によって、旬はそれぞれ異なりますが、美味しい時期のケールは、栄養バランスだけではなく、味のバランスもととのって食べやすいと思います。苦い＝美味しくない、と決めつけず、まずはいろいろなケールを食べてみてください。

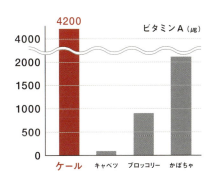

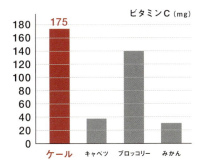

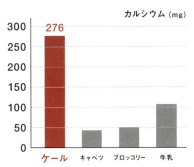

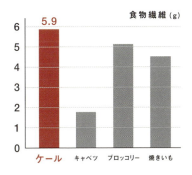

ケールの各栄養素含有量は、（財）日本食品センター調査。キャベツ、ブロッコリー、牛乳、かぼちゃ、焼きいも、みかんの各栄養素含有量は、日本食品標準成分表（八訂）増補2023年による数値を使用。増田採種場の提供資料をもとに作成。
※ケールの品種や収穫時期、栽培方法など、様々な要因で栄養や成分の含有量は異なります。

KALE Column
日本でケールを広める種やの挑戦

ケールにはたくさんの品種がありますが、種の種類としても実は多様です。海外からの固定種（在来種）もあれば、F1種もあり、それぞれに個性や役割があります。日本においてケールの品種をもっとも多く開発し、ケールに長年向き合ってきた株式会社増田採種場のケールへの想いについて、専務取締役・増田秀美さんにお話を伺いました。

ミツバチや人の手で採種するケールの品種開発

増田採種場は種子の育種や品種開発をする種苗メーカー。1925年創業以来、アブラナ科の品種改良ひと筋で続けています。"人に優しい品種改良"を大切にし、遺伝子組み換えなどを用いず、ミツバチや人の手による、できるかぎり自然に近い交配方法での開発・改良を進めています。

研究は芽キャベツ、キャベツからはじまりました。つねに市場や農家、そして消費者の動向や要望を取り入れながら、かつ10年先を見据えながら、アブラナ科野菜の専門家として日本の食文化を支えてきました（キャベツだけでも100種類以上も開発！）。

1990年にはプチヴェール®の開発に成功（1996年商標登録）。2005年にコラード系ケールのジューシーグリーンを品種登録したことを皮切りに、2024年現在では、下記のケール品種を開発し、品種登録しています。

- ジューシーグリーン　…コラード系
- スウィートグリーン　…コラード系
- サンバカーニバル（ソフトケール）　…コラード系
- キッチン（ライトキッチン、ワイルドキッチン、レッドキッチン、カールドモンロー）
- カーボロリーフグリーン　…カーボロネロ系
- サンバリッチ　…コラード系
- ジューシーパープル　…コラード系

（血圧を下げる効果が期待されるGABAを多く含んだ「ソフトケールGABA」、目の健康に役立つルテインを多く含んだ「カーボロネロルテイン」（どちらも機能性表示食品）の開発・販売も）

ケールを原料としてではなく野菜として普及させたい

長年アブラナ科野菜の研究開発を手掛ける中で、日本でのケールの立ち位置やイメージについて、ある思いを抱えていたと増田専務は話します。

「日本ではやはり青汁のイメージ、つまりケールは原料だという意識が長いあいだ根付いていたと思います。でも、ケールは野菜として食べるのが一番美味しいんです。今ではわたくしどももケール普及の一環として、粉末や液状のケール商品、あるいは加工品も販売していますが、もっともお伝えしたいことは、ケールを野菜として美味しく食べてもらいたい、ということ」。

そこで、増田採種場は多くの人にやわらかくて食べやすいケールを提供するために、「マスダケール」というブランドを立ち上げ、次々と品種を増やしていきました。やわらかくて食べやすいソフトケール（サンバカーニバル）、農家からの要望で強風に倒れにくい品種（スウィートグリーン）、料理人からのリクエストに対応して開発した幅広のカーボロネロ（カーボロリーフグリーン）など。また、ケール生産を全国に普及させるため、「ケールの栽培方法、及び、ケール収穫物」の特許を取得しました。しかし、世間の動きは遅く、スーパーマーケットでケールが並ぶことはなかなかありません。それでも開発の手は止めませんでした。やがて、東京の百貨店が興味を持ち、店頭販売が叶ったり、飲食店での取引が増えるなど、少しずつ動きが見えはじめました。

2015年前後に起きたアメリカでのケールブームの流れに乗って、日本でもスムージーが流行り出した頃、ようやく家庭でのケールニーズを感じるようになったと増田専務はいいます。

美味しいケールに出会ってほしい。まずは、そこから

「わたくしどもの研究開発は、結果が現れるのに10年、20年とかかります。長い先の人々の暮らしを想像したり、"こういう社会になっていたらいいな"という願いを込めながら取り組んでいます。ケールもまさにそう。やっと、ようやく、少しずつですが実りを感じはじめています」。

増田専務は、種苗メーカーとしての想いを述べるとともに、まだまだ続く挑戦についてもこう語ります。

「個人的にもケールが大好きで、毎日食べています。こんなに美味しくて、こんなに栄養豊富な野菜は、離乳食期の赤ちゃん、そして介護期の方々にこそ食べてほしい。そのために我々ができることについて、日々考えています」。

日本でケールが普及し、さらに定着するには、まだまだ時間がかかるかもしれません。取材の最後に、もっとも実現可能な、効果的な方法になりうるヒントを増田専務からいただきました。

「美味しいケールにまだ出会っていない人も多いと思うんです。美味しいケールをまずは召し上がっていただきたい」。

株式会社増田採種場
静岡県磐田市上万能168-2
0538-35-8822

索引　～料理のカテゴリー別

サラダ・前菜
16　ケールの生春巻き
18　ケールと果物のブッラータサラダ
20　ケールのパワーサラダ
22　ケールとアボカドのグリーンボウル
36　発酵ケールのコールスロー
36　発酵ケールのポテトサラダ

副菜・つけ合わせ
32　ケールの塩糀オイル炒め
34　ケールのナムル
36　発酵ケール
44　ケールの黒ごまマヨネーズ和え
46　ケールの白和え
48　ケールのごま和え
52　ケールの茶碗蒸し
62　ケールのソテー with ナッツソース
68　ケールのがんもどき（飛竜頭・ひろうす）

メイン料理
26　塩豚のケールサムギョプサル
32　ケールの塩糀オイル炒めの卵炒め
32　ケールの塩糀オイル炒めのワンプレートディッシュ
50　ケールと海老のロール
54　ケールと鮭の重ね蒸し
64　ケールのキョフテ（ミートボール）
78　ケールのフェジョン
80　ケールのオイルサーディン
82　ケールの牛煮込み

粉もの・麺類
24　ケールとツナのサンドイッチ
32　ケールの塩糀オイル炒めのパスタ
36　発酵ケールのタコス
56　ケールの水餃子
60　ケールの焼き餃子
66　ケールのお好み焼き
70　ケールのフォカッチャ
72　ケールのキッシュ
92　ケールとレモンクリームのパスタ

ごはんもの
34　ケールのナムルのビビンバ
38　ケールのお漬けもの　昆布締めのめはり寿司
86　ケールのバターチキンカレー

スープ類、汁もの
34　ケールのナムルのスープ
84　ケールの火鍋　豆乳スープ／麻辣スープ
88　ケールの味噌汁
90　ケールのチャウダー

ドレッシングやソース、調味料
28　ケールのサルサ、ケールのジェノベーゼソース、
　　ケールとねぎの生姜だれ、ケールのシトラスドレッシング
116　昆布水、濃い出汁、塩糀、甘糀、酵素シロップ
　　ケールシロップ、ケールオイル、マヨネーズ

その他
38　ケールのお漬けもの
　　醤油漬け、柚子漬け、昆布締め
40　ケールのふりかけ
74　ケールのオーブンチップス

スイーツ & ドリンク
96　トーストとケールクリーム
98　ケールのバナナマフィン
100　ケールのチーズケーキ
102　ケールのロールケーキ
104　ケールのパンケーキ
106　ケールのクッキー　ヴィエノワ／サブレ
108　ケールのジュレ
110　ケールのソルベ／ケールのアイスクリーム
112　ケールのモクテル（ノンアルコールドリンク）
　　ケールと甘糀とマンゴーのスムージー、ケールのメロンソーダ、
　　ケールのジンジャーレモン
114　ケールのカクテル
　　ケールの白ワインカクテル、ケールのモヒート

ケールを栽培・販売している農家さん

日本でも、ケールを栽培する農家さんが少しずつ増えてきています。そこで、WebサイトやSNSアカウントを通じて、直接ケールを購入することができる農家さんを紹介します。まずは、Webサイトなどを訪れて、農家さんのこだわりや想い、育てているケールの品種、旬の時期の違いなどの情報を得てみてください。
そして、実際にお取り寄せをして、農家さんごとの色や形、味わいの個性を楽しんでもらえればうれしいです。

※地図内の番号は、各農園の位置を必ずしも正しく示したものではありません。

購入する前に、かならず読んでほしいこと

- ケールは自然の恵みです。季節や地域、農家によって、栽培・販売できる種類は異なります。
- 天候はじめ諸般の理由で、事前告知なくケールの栽培、販売を終了することがあります。
- ケール単体の販売ではなく、「季節のお野菜便」などの中にケールを入れることもある、という農家も掲載しています。
- 情報は予告なく変更されることがあります。購入の際には、各農家のWebサイトやSNSアカウントをよくご確認ください。
- 少人数、あるいはお一人で農園の運営をしている農家さんも少なくありません。問い合わせをする際には、ご配慮ください。

① 守屋農園
- 所在地：北海道旭川市東旭川町
- 電話番号：090-3110-1802（平日8:00～17:00）
- お問い合わせ：Webサイトの「お問い合わせ」ページへ
- Webサイト：www.farm-moriya.net/
- 購入はこちら：https://shop.asahikawa.style/moriya/
- Instagram：@daisukemoriya1029

② ソイルラボ
- 所在地：青森県八戸市
- 電話番号：なし
- お問い合わせ：Webサイトの「お問い合わせ」ページへ
- Webサイト：www.soillabo.co.jp/
- 購入はこちら：https://soillabo.base.shop/
- Instagram：@soil_labo

③ 星農場
- 所在地：宮城県南三陸町
- 電話番号：080-3382-9746（8:00～20:00）
- お問い合わせ：hoshi@eos.ocn.ne.jp
- Webサイト：www.facebook.com/minamisanriku.hoshifarm
- 購入はこちら：www.facebook.com/minamisanriku.hoshifarm
- 詳細はトップページに記載。インスタグラムのDMからも受注可能
- Instagram：@hoshifarm_sanriku

④ 耕佑
- 所在地：宮城県栗原市
- 電話番号：0228-52-2140（月・火・木・金・土 9:00～17:00）
- お問い合わせ：Webサイトの「お問い合わせ」ページへ
- Webサイト：http://www.kouyuu.net/
- 購入はこちら：ケール定期便 https://oni-vege.com/
- ケール加工品 https://kurihara-farmers.com/
- Instagram：@kuriharafarmers

⑤ ガイアガーデン
- 所在地：秋田県秋田市
- 電話番号：090-1063-8124（9:00～16:00）
- お問い合わせ：gaiagarden2014@gmail.com
- Webサイト：なし
- 購入はこちら：電話かメール、各SNSのDMにて受注可能
- www.facebook.com/gaiagarden.akita/
- Instagram：@gaiagarden_akita

⑥ まえむき。farm
- 所在地：山形県遊佐町
- 電話番号：なし
- お問い合わせ：maemukifarm@gmail.com
- Webサイト：https://maemukifarm.com/
- 購入はこちら：SNSのDMにて受注可能
- https://maemukifarm.stores.jp/
- Instagram：@maemukifarm

⑦ ごっつぁんファーム
- 所在地：福島県耶麻郡猪苗代町
- 電話番号：なし
- お問い合わせ：gottsuan.farm@gmail.com
- Webサイト：https://lit.link/gottsuanfarm
- 購入はこちら：https://gottsuanfarm.stores.jp
- Instagram：@gottsuan_farm

⑧ やおや八〇九
- 所在地：富山県富山市
- 電話番号：なし
- お問い合わせ：購入サイトの「CONTACT」ページへ
- Webサイト：https://hachimaruku.com/
- 購入はこちら：https://809.official.ec/
- Instagram：@parcmanther_3

⑨ ベジュール
- 所在地：石川県珠洲市
- 電話番号：0768-82-1094（平日10:00～14:00）
- お問い合わせ：vejoule@gmail.com
- Webサイト：www.facebook.com/vejoule/
- 購入はこちら：メールにて受注可能
- Instagram：@vejoule

⑩ のらくら農場
- 所在地：長野県佐久穂町
- 電話番号：0267-88-2952（7:00～18:00）
- お問い合わせ：Webサイトの「お問い合わせ」ページへ
- Webサイト：www.norakuranoujyou.com/
- 購入はこちら：shop.norakuranoujyou.com/
- Instagram：@norakurafarm

⑪ 佐々木農園×スマイルフィールド
- 所在地：新潟県南魚沼市
- 電話番号：なし
- お問い合わせ：sasakiyasai@gmail.com
- またはWebサイトの「お問い合わせ」ページへ
- Webサイト：www.sasakioyasai.com/
- 購入はこちら：www.sasakioyasai.com/
- Instagram：@sasaki_yasai

⑫ ベルファーム
- 所在地：茨城県つくば市
- 電話番号：0120-361-366（平日9:00～17:30）
- お問い合わせ：www@bellfarm.co.jp
- Webサイト：www.bellfarm.co.jp/
- 購入はこちら：www.bellfarm.co.jp/products/raw-kale/
- Instagram：@bellfarm_tsukuba_official

農園名	わたね	⑬	農園名	Pure Orto（ピュアオルト）	⑭
所在地	栃木県芳賀郡市貝町		所在地	群馬県高崎市	
電話番号	なし		電話番号	080-6570-2417（平日9:00〜17:00）	
お問い合わせ	Webサイトの「お問い合わせ」ページへ		お問い合わせ	Webサイトの「お問い合わせ」ページへ	
Webサイト	https://watane-farm.com		Webサイト	https://pure-orto.com www.facebook.com/ji.qingshui	
購入はこちら	https://watane.shopselect.net		購入はこちら	https://pure-orto.com	
Instagram	@watane.shunsai		Instagram	@pureorto	
農園名	栄ちゃん家のお野菜 〜ISHII FARM〜	⑮	農園名	在来農場	⑯
所在地	埼玉県川口市		所在地	千葉県佐倉市	
電話番号	なし		電話番号	なし	
お問い合わせ	ishiifarm04@gmail.com またはWebサイトの「CONTACT」ページへ		お問い合わせ	info.zairaifarm@allfarm.co.jp または在来農場Webサイトの「野菜セット」ページへ	
Webサイト	https://eichanoyasai.base.shop		Webサイト	在来農場　www.zairaifarm.com／ALL FARM　allfarm.co.jp	
購入はこちら	https://eichanoyasai.base.shop		購入はこちら	在来農場　www.zairaifarm.com／KALE FARM　kalefarm.jp	
Instagram	@eichan_oyasai		Instagram	@zairai.farm	
農園名	柴海農園	⑰	農園名	Ome Farm	⑱
所在地	千葉県印西市		所在地	東京都青梅市	
電話番号	0476-37-7554		電話番号	なし	
お問い合わせ	info@shibakai-nouen.com		お問い合わせ	info@omefarm.jp またはWebサイトの「CONTACT」ページへ	
Webサイト	https://shibakai-nouen.com/		Webサイト	www.omefarm.jp/	
購入はこちら	https://shibakai-nouen.com/		購入はこちら	www.omefarm.jp/ 詳細はサイト内「Delivery」を参照。CSAパートナーシップ会員へ送る野菜便にケールが入ることがある	
Instagram	@shibakainouen		Instagram	@omefarm	
農園名	Base Side Farm	⑲	農園名	ほっこり農園	⑳
所在地	東京都西多摩郡瑞穂町		所在地	神奈川県綾瀬市	
電話番号	なし		電話番号	090-1619-5860（平日9:00〜17:00）	
お問い合わせ	info@basesidefarm.com		お問い合わせ	Webサイトの「お問い合わせ」ページへ	
Webサイト	www.basesidefarm.com/		Webサイト	https://hokkori-nouen.net/	
購入はこちら	www.basesidefarm.com/		購入はこちら	https://hokkorinouen.theshop.jp/	
Instagram	@basesidefarm		Instagram	@hokkori_nouen	
農園名	増田採種場（マスダケール）	㉑	農園名	おのの農園	㉒
所在地	静岡県磐田市		所在地	愛知県額田郡幸田町	
電話番号	0120-831-050（月〜土9:00〜17:30）		電話番号	090-4196-3094（平日10:00〜16:00）	
お問い合わせ	Webサイトの「お問い合わせ」ページへ		お問い合わせ	onononouen.syoufuku@gmail.com	
Webサイト	www.masudaseed.com/		Webサイト	https://ameblo.jp/onononouen	
購入はこちら	www.masudaseed.com/		購入はこちら	https://ameblo.jp/onononouen 詳細はサイト内のプロフィール欄を参照	
Instagram	@masudakale		Instagram	@onononouen_akiyuki_ono.41	
農園名	Farm Regalo	㉓	農園名	ともときファーム丹波	㉔
所在地	岐阜県土岐市		所在地	京都府綾部市	
電話番号	0572-57-2280（平日10:00〜18:00）		電話番号	0773-46-9030（平日9:00〜16:00）	
お問い合わせ	yzr.u3.110@gmail.com		お問い合わせ	ayabe@native-life.org	
Webサイト	https://farmregalo.base.shop/		Webサイト	https://native-life.org/	
購入はこちら	https://farmregalo.base.shop/ https://farm-regalo.square.site/		購入はこちら	https://tomotoki.official.ec/	
Instagram	@farm_regalo		Instagram	@tomotoki_farm_tanba	
農園名	86farm	㉕	農園名	川崎農園	㉖
所在地	京都府福知山市		所在地	大阪府貝塚市	
電話番号	070-8392-5586（平日10:00〜17:00）		電話番号	072-442-1740（平日8:00〜16:00）	
お問い合わせ	86farm.fukuchiyama@gmail.com またはWebサイトの「お問い合わせ」ページへ		お問い合わせ	e-yasai@kawasakifarm.com またはWebサイトの「CONTACT」ページへ	
Webサイト	https://86farm.net		Webサイト	https://kawasakifarm.com/	
購入はこちら	https://86farm.thebase.in/		購入はこちら	https://kawasakifarm.com/shopping/	
Instagram	@86farm		Instagram	@kawasakifarm	

		㉗
農園名	丹波やさい大塚農園	
所在地	兵庫県丹波市	
電話番号	なし	
お問い合わせ	Webサイトの「CONTACT」ページへ	
Webサイト	https://tambayasai.buyshop.jp/	
購入はこちら	https://tambayasai.buyshop.jp/	
Instagram	@tambayasai	

		㉘
農園名	ナチュラリズムファーム	
所在地	兵庫県神戸市	
電話番号	なし	
お問い合わせ	info@naturalismfarm.com またはWebサイトの「CONTACT」ページへ	
Webサイト	https://naturalismfarm.com/	
購入はこちら	https://naturalism.stores.jp/	
Facebook	@Naturarhythm	

		㉙
農園名	葛城山麓農園	
所在地	奈良県御所市	
電話番号	0745-44-8369（平日8:00～16:00）	
お問い合わせ	katsuragisanroku@gmail.com	
Webサイト	https://katsuragi-sanroku.farm/	
購入はこちら	https://katsuragi-sanroku.farm/	
Instagram	@369noen	

		㉚
農園名	さかな農園	
所在地	和歌山県伊都郡かつらぎ町	
電話番号	なし	
お問い合わせ	sakana.koya.farm@gmail.com	
Webサイト	なし	
購入はこちら	インスタグラムのDMかメールにて受注可能	
Instagram	@sakanafarm.sibuta	

		㉛
農園名	七三農園	
所在地	広島県東広島市	
電話番号	なし	
お問い合わせ	info@73farm.com またはWebサイトの「お問い合わせ」ページへ	
Webサイト	https://73farm.com/	
購入はこちら	https://73farm.com/	
Instagram	@sitisannouen	

		㉜
農園名	あわやグリーン	
所在地	山口県萩市	
電話番号	08388-8-0130（平日9:00～16:00）	
お問い合わせ	info@awaya-green.jp またはWebサイトの「お問い合わせ」ページへ	
Webサイト	https://www.awaya-green.jp/	
購入はこちら	https://www.awaya-green.jp/	
Instagram	@saikouno1cafe	

		㉝
農園名	戸島農園NS	
所在地	山口県下関市	
電話番号	なし	
お問い合わせ	Webサイトの「お問い合わせ」ページへ	
Webサイト	https://www.tzfm.jp/	
購入はこちら	https://www.tzfm.jp/	
Instagram	@tozimanouen_ns	

		㉞
農園名	HOMEMAKERS	
所在地	香川県小豆郡土庄町肥土山	
電話番号	0879-62-2727	
お問い合わせ	info@homemakers.jp	
Webサイト	https://homemakers.jp/	
購入はこちら	https://homemakers.jp/	
Instagram	@homemakers.jp	

		㉟
農園名	阿波ツクヨミファーム	
所在地	徳島県阿波市	
電話番号	090-2825-0423（平日8:00～17:00）	
お問い合わせ	hello@awatsukuyomi.com またはWebサイトの「お問い合わせ」ページへ	
Webサイト	https://awatsukuyomi.com	
購入はこちら	https://awatsukuyomi.com	
Instagram	@tsukuyomi_farm	

		㊱
農園名	中里自然農園	
所在地	高知県高岡郡中土佐町	
電話番号	080-2977-0245（平日8:30～17:00）	
お問い合わせ	farm.nakazato@gmail.com またはWebサイトの「CONTACT」ページへ	
Webサイト	https://farmnakazato.theshop.jp/	
購入はこちら	https://farmnakazato.theshop.jp/	
Instagram	@nakazato_naturefarm	

		㊲
農園名	槌本農園	
所在地	大分県臼杵市	
電話番号	なし	
お問い合わせ	tsuchimoto.farm@gmail.com	
Webサイト	https://tsuchimotofarm.com/	
購入はこちら	https://tsuchimotofarm.com/	
Instagram	@tsuchimoto.farm	

		㊳
農園名	宮崎アグリアート	
所在地	宮崎県宮崎市	
電話番号	0985-64-8540（平日9:00～17:00）	
お問い合わせ	Webサイトの「お問い合わせ」ページへ	
Webサイト	https://miyazaki-agriart.com/	
購入はこちら	https://miyazaki-agriart.com/	
Instagram	@agriart	

		㊴
農園名	ありのままお野菜	
所在地	鹿児島県南さつま市	
電話番号	なし	
お問い合わせ	organicminamisatsuma@gmail.com またはWebサイトの「お問い合わせ」ページへ	
Webサイト	https://organic-minamisatsuma.jp/	
購入はこちら	https://organic-minamisatsuma.jp/	
Instagram	なし	

ケールをお取り寄せして美味しかったら、
ぜひご自身のSNSに投稿したり、お友だちに教えてあげてください！

掲載している情報は、2024年10月現在のものです。

料理・レシピ　amasora 池尻彩子
神戸・洋菓子店「ダニエル」に8年間勤務。その後、京都・お菓子教室でアシスタント講師などを務める。2010年にアトリエ「甘空」設立。大阪・本町クッキングスタジオ「シェリプロ」講師や「フロレスタ キッチン コドモ」のシェフ兼開発顧問に就任。2018年に芦屋市宮塚町に自然派料理のお弁当、スイーツ、ケータリングのお店「amasora」オープン。全国各地の生産者を訪ね、吟味した食材を使用し、素材そのものの味わいや力強さを大切にした「自然派料理」を提唱。https://www.amasora.com/

料理アシスタント　和多香奈子
オーストラリア・シドニーで寿司職人、料理教室講師、出張料理人を経験。amasora勤務を経て、2024年10月よりインドネシア在デンパサール総領事館の公邸料理人。

装丁・装画　清川あさみ
アーティスト。兵庫県・淡路島生まれ。代表作は「美女採集」「TOKYO MONSTER」など。近年は表現・活動の領域を広げ、衣装、広告、「YOASOBI」のPVなどの監督や、空間、プロダクトデザインなどのクリエイティブに携わるとともに、『銀河鉄道の夜』や『千年後の百人一首』など絵本の制作や地方創生事業でも活躍中。二児の母でもある。

参考文献：
『「食」の図書館　キャベツと白菜の歴史』メグ・マッケンハウプト著（原書房）／『カラー図鑑　野菜の秘密』ジル・デイヴィーズ著（西村書店）／『日本の野菜文化史事典』青葉高著（八坂書房）／『からだのための食材大全』池上文雄、加藤光敏、河野博、三浦理代、山本謙治監修（NHK出版）／『ひと目でわかる　食べ物のしくみとはたらき図鑑』北村真理、屋良佳緒利監修（創元社）／『色の野菜の栄養事典』吉田企世子（エクスナレッジ）／『日本の食材図鑑』レジア編（新星出版社）／『ボタニカルイラストで見る　野菜の歴史百科　栽培法から料理まで』サイモン・アケロイド著（原書房）／『Kale – A Superfood, maybe』Trine Nygaard／そのほか、「日本食品標準成分表（八訂）増補2023年」

ケールのレシピ
2024年11月22日　第1刷発行

発行者　　　　加藤一陽

企画・編集　　笠原美律（KALEZINE）
　　　　　　　https://kalezine.com

発行所　　　　株式会社ソウ・スウィート・パブリッシング
　　　　　　　150-0043　東京都渋谷区道玄坂1-2-3　渋谷フクラス17F
　　　　　　　TEL・FAX：03-4500-9691

装丁・装画　　清川あさみ
料理・レシピ　amasora 池尻彩子
監修　　　　　株式会社増田採種場
撮影　　　　　内藤貞保
デザイン　　　三牧広宜（株式会社三角舎）
校正　　　　　鈴木美夏
料理アシスタント　和多香奈子
器協力　　　　Abundante
ケール協力　　マスダケール、七三農園

印刷・製本　　株式会社シナノパブリッシングプレス

© Sow Sweet Publishing, Inc. 2024

ISBN：978-4-9912211-8-7

乱丁・落丁がある場合はお取り替えいたします。
本書記事／写真／イラストなどの無断転載・複製は固くお断りします。
問い合わせ先：info@sow-sweet.com